AF367033

Editor: Bubok Publishing S.L.

Depósito Legal: M-50206-2010

ISBN: 978-84-9981-149-9

Título: Simplemente, un profesor de secundaria

Autor: Pablo Pascual López

Idioma: Castellano

Tirada: 5 + POD

SIMPLEMENTE,
UN PROFESOR
DE SECUNDARIA

Pablo Pascual López

Dedicado a mi familia que tanto ha
aguantado mis charlas sobre educación;
y en especial, a mis sobrinos, que han
sufrido mis enfados de profesor.

INTRODUCCIÓN

Bastaría con leer el título de este libro para no continuar leyendo. Les aseguro que no cometerán ningún error. Todo lo contrario. Seguirán con sus conciencias y mentes tranquilas. Si quieren saber lo que suele ocurrir en nuestras aulas de Secundaria, cómo los adolescentes se comportan en grupo, cómo los profesores intentamos lidiar con estas situaciones, cómo conseguimos, a pesar de todo, transmitirles unos conocimientos y una educación integral, por favor, sigan leyendo. Su conciencia quizás esté más intranquila y por sus mentes les ronde la idea de lo difícil que es la tarea de educar; pero sus ideas estarán más claras y, si son padres de adolescentes, comprenderán más a los profesores de sus hijos e intentarán colaborar con ellos. Encontrarán consejos, sugerencias para ayudar a sus hijos en su educación. Algunas les sorprenderán, pero merece la pena intentarlo. Si fallan, fallamos todos y el futuro será negro.

Después de más de treinta años de experiencia en la enseñanza, siento la necesidad de airear todo lo que he aprendido. Es una necesidad de desahogo, de contar anécdotas, situaciones, problemas… por si pueden ser de utilidad a alguien. Es una forma de contribuir a diseminar mi aprendizaje, sobre todo entre aquellos que empiezan en la tarea educativa, sean padres o profesores.

Después de tantos cambios sufridos en los planes de educación, en especial en las primeras etapas educativas y en el bachillerato, es hora de reivindicar una educación basada no en las leyes sino en los alumnos y sus circunstancias. Espero contribuir, contando mi experiencia personal en el aula y en el trato de tantos y tantos adolescentes, a elevar la figura del profesor y del alumno por encima de luchas políticas, que han sido incapaces de consensuar una ley educativa aceptable para toda la comunidad.

Después de todos los alumnos que he tenido la oportunidad de enseñar (en muchos casos también el honor, la alegría, los sinsabores, la decepción), me ha llegado el momento de contar todas estas situaciones vividas con ellos, plasmadas de matices positivos, pero también negativos. Calculo que a lo largo de mi carrera educativa han pasado por mis aulas más de dos mil alumnos, con todos sus cambios, en esta etapa tan difícil de sus vidas como es la adolescencia.

Después de convivir, compartir experiencias con cientos de profesores, compañeros en este largo camino, espero que mis reflexiones sean una amalgama de todo lo vivido con ellos y sirvan a los nuevos profesores, ya sea para profundizar en nuestras vivencias, repetirlas, cambiarlas o simplemente rechazarlas.

Los cambios generacionales a los que he asistido, tanto de alumnos como de profesores, me han supuesto un plus de dificultad en mi tarea. Los alumnos de hoy son muy diferentes a los alumnos de mis comienzos; los profesores de hoy tienen una formación diferente a la mía, han surgido en una sociedad que ha ido cambiando, y mucho, con el paso del tiempo, desde el tardo-franquismo hasta los años actuales, caracterizados por el uso de las nuevas tecnologías de la comunicación. Lo que sigue pretende ser un reflejo de estos cambios sociales, educativos y también interpersonales, porque la relación profesor-alumno, las relaciones profesor con experiencia-profesor novato, no escapan a los cambios experimentados a lo largo de estos más de treinta años.

Desde mis comienzos en la enseñanza, en el otoño del año 1979, la sociedad española y la educación, en particular, han dado un giro radical. Incluso antes de esta fecha los cambios fueron notables: Pasamos de una sociedad (y en consecuencia, de una educación) franquista, con sus miedos, sus censuras…a una sociedad democrática, donde el diálogo parecía ser la base de todo, y también del proceso educativo. Tristemente este diálogo democrático primitivo ha sido incapaz de perdurar en el tiempo. Muestra de ello es la inutilidad política para promulgar una ley de educación válida para toda la sociedad.

Por otra parte, se oyen voces en contra del actual sistema educativo aludiendo a la "pérdida del respeto a la figura del profesor". Si con ello se refieren a que en la época franquista la figura del profesor "producía respeto y lo que él decía iba a misa, y nadie se le movía en clase…", y que en la época actual el profesor "sufre continuas muestras de indisciplina y no es respetado…", diría que están confundiendo miedo con respeto. Siempre han existido situaciones de indisciplina en el aula, ahora y con Franco. Personalmente no he sentido esa falta de respeto, sí he intentado el diálogo con el alumno, dentro de un ambiente relajado y pensando que este ambiente ayuda a los alumnos en su aprendizaje. En mis años de escuela el maestro nos producía tal miedo que muchos de mis compañeros fueron incapaces de aprender a sumar por el rechazo que sentían hacia la figura autoritaria del maestro. Esto es real. Como también que la actual sociedad produce alumnos más indisciplinados que ante, quizás, no por la falta de autoridad del profesor, sino por una vena acomodaticia que el entorno insufla en los jóvenes.

Los profesores y alumnos de hoy no son mejores o peores que los de antes. Son diferentes.

Este libro no es un libro al uso, son mis vivencias, anécdotas, memorias, ideas…que he ido acumulando. Cansado ya de la "lucha del guerrero" por la batalla diaria que representa enseñar a los adolescentes, mis ilusiones primeras a punto de agotarse, me lanzo a la tarea de contar mi historia de profesor de Secundaria. Intentaré desligar mi vida profesional de mi vida personal, aunque me va a ser difícil, porque, desde el primer momento, he hecho de la enseñanza mi vida y mi vida es y será la educación de los jóvenes.

Es obvio que escribo este libro para descubrir la labor del profesor de Secundaria, del educador de adolescentes y para contar sus preocupaciones; para que el lector imagine las situaciones por las que pasa. No voy a utilizar los mecanismos del novelista, que intenta contar historias como si fueran las de otros; no voy a tener que inventar, voy a contar la realidad de las aulas como yo la estoy viviendo.

Pablo Pascual López

1
OTOÑO DE 1979

"Aquel que desee convertirse en maestro del hombre, debe empezar por enseñarse a sí mismo antes de enseñar a los demás; y debe enseñar primero con el ejemplo antes de que lo haga verbalmente. Pues aquel que se enseña a sí mismo y rectifica sus propios procedimientos, merece más respeto y estimación que el que enseña y corrige a otros, eximiéndose a él mismo"
(Khaili Griban)

Acabado el servicio militar obligatorio en Septiembre de 1979, me dispongo a enviar currículos a centros de enseñanza. Tengo la impresión de haber perdido un año de mi vida "sirviendo a la patria". Mis compañeras de estudios universitarios de Filología Inglesa, no obligadas a este honroso servicio, han aprovechado estos meses para conseguir trabajo en algún Instituto público o en Colegios privados. He contactado con alguna de ellas y todas están ya "colocadas".

La mili pasó entre guardias, imaginarias, maniobras militares… También entre buena gente. Dicen que los amigos que haces allí duran para siempre. Y es verdad. En mis interminables horas muertas pasaba por la casi despoblada biblioteca del cuartel y mi amigo el soldado bibliotecario Justo me proporcionaba todos los libros que me interesaban, incluso logró que le enviaran uno que a mí me fascinaba. Era el "Ulises" de James Joyce. Lo leí con avidez y decidí que sería materia para mi tesis, acabado el servicio militar. Pretendía relacionar esta obra inmensa del escritor irlandés con la "Ilíada" de Homero. ¡Qué utopía! Había acabado mis estudios de Filología Inglesa y el mundo irlandés me fascinaba por su resistencia al poder inglés y por la cantidad de poetas y novelistas que fue capaz de producir.

No tenía experiencia en la enseñanza, sólo algunas clases particulares para sacarme algún dinero y pagar mis gastos extras. Había realizado el C.A.P. (Certificado de

Aptitud Pedagógica) durante mi último año en la Universidad, pero debo confesar que fue otra pérdida de tiempo: sólo teoría y unas cuantas "dinámicas de grupo". Posteriormente he podido comprobar que la realidad del aula es diferente a cualquier teoría.

Tuve la suerte de participar en una época de cambios radicales en la sociedad española (1975-78) y también en la enseñanza. Empezaban a darle al idioma inglés la importancia que antes no había tenido. A mediados de Octubre de 1979 tenía tres propuestas de trabajo: en un colegio privado de gran fama, perteneciente a una orden religiosa; en una Escuela de Magisterio como profesor asociado, en una ciudad mediana; y en un Instituto público, en una zona rural. Me decanté por este último simplemente porque presuponía que la enseñanza pública te da más espacio de libertad para desarrollar tu metodología, sin ninguna injerencia religiosa; y también porque estaba cercano a mi lugar de residencia.

Comenzaba mi aventura en la enseñanza. Estos momentos eran como una brisa de libertad, después de épocas asfixiantes y oscuras.

******

¿Para qué nos ha servido la democracia? Si los partícipes en el proceso educativo no hemos tenido la palabra en las diferentes reformas, esta democracia que me acompaña desde mis primeros momentos en la enseñanza no significa nada. Sólo podemos expresarnos con nuestros votos, pero el diálogo está ausente en muy diversos espacios de la sociedad.

2
ILUSIONES DE UN PRINCIPIANTE

"No podéis preparar a vuestros alumnos para que construyan mañana el mundo de su sueños, si vosotros ya no creéis en esos sueños; no podréis prepararlos para la vida, si no creéis en ella; no podréis mostrar el camino, si os habéis sentado, cansados y desalentados en la encrucijada de los caminos"
(Celestin Freinet)

Aquí me tenéis, enfrentado a los ojos inquisidores de una treintena de quinceañeros, en mi primera clase. Tengo que impartir, además de inglés, lengua española y literatura a los alumnos del antiguo B.U.P.

Estoy feliz y con una ilusión por hacer cosas importantes por estos muchachos. Me imagino que son las sensaciones de todos los que empiezan en la enseñanza. Por otra parte, tengo la impresión de "recuperar el tiempo perdido" de mis años de estudiante entre curas, que me ofrecieron una enseñanza muy sesgada, llena de temores y con un contenido altamente "espiritual". Con estos jóvenes que me miran con ojos de incredulidad (tienen ante sí a un profesor joven, con aspecto de adolescente, como ellos) tengo la oportunidad de enseñarles sin censuras, con los pies en la tierra, haciéndoles ver la realidad mundana.

No me importa admitir, porque es un sentimiento humano comprensible, que hay otros motivos de satisfacción por poder trabajar entre jóvenes. Creía que iba a cobrar un salario digno y que la consideración del profesor sería muy alta, y más en un entorno rural. Pero también tengo que proclamar que lo que verdaderamente me hacía feliz era un sentimiento vocacional: llevaba años pensando, desde mi más temprana juventud, en convertirme en maestro, educador, profesor...de jóvenes.

Y aquí estaba, empezando a "comerme el mundo".

******

¿Dónde están, profe, dónde se han quedado aquellas ilusiones primeras? No te importaban los obstáculos que tenías que salvar, las decepciones, los desengaños…

3
LA ALEGRÍA DE LOS ADOLESCENTES

*"Tiene más grandeza educar a un niño, en
el verdadero y amplio sentido de la
palabra, que gobernar un estado"
(William Ellery Channing)*

Cuando el trabajo va acompañado de un componente vocacional es más fácil. Mis primeros meses transcurrieron en un continuo pensar, actuar, preparar, dialogar..."sobre, para, con...los alumnos" (en la palabra alumnos incluyo ambos sexos, como no puede ser de otra manera).

Me convertí en el padre, hermano mayor y hasta en el amigo y colega de mis estudiantes. Me veían tan joven, tan dispuesto a ayudarles, tan "como ellos", que mi cercanía era notada y olfateada como buenos sabuesos. Esta sensación de que te "olfateen" ocurre al comienzo de cada curso escolar. Te sientes vigilado, analizado, para ver por donde resurges, si eres de confiar, si eres duro, si se te puede bromear, o incluso, si se te puede hacer burla.

Siempre hemos oído que, a veces, hay que ponerse a la altura de tus estudiantes para conocerlos mejor y aprovechar el buen clima de confianza en el aula para que el aprendizaje sea más llevadero y atractivo. En estos primeros meses no necesitaba mucho esfuerzo para crear este ambiente. Recordaba mis años de bachillerato entre los curas y sus clases aburridas, siempre poniéndote en evidencia, con broncas sin ton ni son, primando el aspecto teórico y las clases magistrales sobre las prácticas. Y la diferencia con lo que estaba viviendo no podía ser mayor. Al silencio sepulcral impuesto de mis años entre sotanas, se oponía el diálogo, las intervenciones espontáneas de estos mis primeros alumnos. Tengo que admitir que las asignaturas que impartía (literatura e inglés) se prestaban a estos experimentos impensables en las frías aulas de mi adolescencia.

Después de cada clase ya estaba pensando en qué actividades podría surtir mejor efecto en el grupo para la clase siguiente. Proponía lecturas dialogadas si creía que la mayoría del grupo estaba interesada en tal o cual libro. Hacía role-plays para practicar el "speaking" si veía al grupo lanzado y sin miedo al ridículo de expresarse en inglés.

Los exámenes no eran sólo una prueba para los estudiantes, lo eran también para mí. Creía que reflejaban no sólo su esfuerzo sino también mi trabajo.

Todo estaba envuelto en una alegría contagiosa, la que sólo los jóvenes proporcionan.

******

La alegría de los jóvenes sigue, pero estos jóvenes tienen la misma edad de todos los cursos y tú, profe, cada vez estás más marchito.

Tu relación con los alumnos es fría, distante. Llegas a clase, pareces un

sargento, cada vez toleras menos sus risas,
su alboroto. ¡Vamos, profe, vuelve a tus
años mozos!

4
APRENDIENDO EN EL AULA

"Hace sesenta años yo lo sabía todo; ahora no sé nada; la educación es el continuo descubrimiento de nuestra propia ignorancia"
(Will Durant)

La clase es un lugar de aprendizaje o debería serlo. El profesor dirige un grupo de jóvenes, lo instruye, lo alecciona, lo entrena, practica con él los diversos aspectos de su materia. A cambio, los alumnos aleccionan al profesor día a día. De sus comportamientos, de su motivación o falta de interés, el profesor aprenderá a lo largo de toda su vida laboral. Pero cuando uno empieza en la enseñanza, te faltan instrumentos para manejar ciertas situaciones. Nadie te ha enseñado a ser un manager del aula, ni entrenador de adolescentes, con su peculiar forma de ser. Todo lo más que puedes hacer es repetir la forma de actuar de los que tú considerabas buenos profesores.

¿Qué se debe hacer cuando…

- un alumno está continuamente interrumpiendo la clase?, ¿le dices que abandone el aula? ¿le chillas?, ¿pasas de él?, ¿intentas hacerle ver que su actitud es perjudicial para todos, incluido él?
- observas que a la mayoría de alumnos del grupo les cuesta seguir una actividad y se desentiendes de la misma, provocando una desconexión general con tus palabras?, ¿sigues con los más avanzados?, ¿repites la actividad cambiando los matices más espinosos?, ¿cambias la actividad?
- un alumno insulta, molesta a otro?, ¿dejas que lo arreglen entre ellos?, ¿interrumpes la clase para llamarles la atención?
- surge un caso de acoso escolar en tu aula?, ¿eres capaz de detectarlo?, ¿cómo actuar?

-   ha llegado la primavera y todo el mundo está alborotado, incapaz de sentarse, moviéndose y chillando?, ¿les obligas a sentarse a gritos?, ¿o esperas a que se sienten perdiendo cinco minutos de clase?

-   ....

En mis comienzos no existía lo que se conoce como Reglamento de Régimen Interno, normas que si no se cumplen conllevan un castigo. Cada profesor tenía que lidiar como mejor pudiera con los toros bravos que podían aparecer por sus clases. Ya entonces pensaba que para la solución de tus problemas, algo que te ha surgido en tu clase, tú debes resolverlos y no pasarle la pelota al Jefe de Estudios correspondiente. Si así lo haces, estoy seguro que pierdes autoridad ante tus alumnos y complicas una situación que en la mayor parte de los casos se soluciona con una buena dosis de intuición momentánea. Pero en aquellos primeros meses, esa intuición, que se adquiere con la experiencia, no formaba parte de mis habilidades.

Tanta experiencia acumulada, profe, ¡qué te vengan con teoría!, a ti, que has pasado por todo, a ti que con mirar a los ojos sabes la reacción, el pensamiento de tus chavales, a ti, que de tanto mirar tus ojos están cansados.

5

INTERINO ENTRE VACAS SAGRADAS

*"Indudablemente una parte de la función de
la educación consiste en ayudarnos a
escapar, no del tiempo que nos toca vivir,
pues estamos atados a él, sino a las
limitaciones emocionales e intelectuales de
nuestro tiempo"*
(T.S. Eliot)

Es muy difícil conseguir una puesto fijo en la enseñanza pública. Para ello hay que pasar unas oposiciones muy selectivas, dado el número de profesores interesados en trabajar. Yo comencé como profesor interino, o "tonterino", como despectivamente se referían a nosotros los ya instalados.

Los interinos, por lo general, éramos licenciados que comenzábamos, jóvenes por lo tanto, con unas ganas inmensas por innovar, implicarte en actividades fuera del

28

horario lectivo, cambiar la dinámica de la metodología tradicional, hacer del diálogo profesor-alumno la base del aprendizaje, en contraposición con la metodología de imposición del antiguo régimen.

En mi primeras clases de literatura (otra de las características de los interinos es la facilidad que se les supone para enseñar todo tipo de materias; yo soy licenciado en filología inglesa, pero tenía que impartir clases de literatura, además de inglés) les hablaba de los autores malditos, que en mi época de estudiante apenas se mencionaban. Les hablaba de Lorca y Miguel Hernández, de Antonio Machado y Luís Buñuel. Creía estar recuperando un tiempo, que para mí ya se había escapado.

Recuerdo que en mis años de universitario (espero que esto lo consideren una simple anécdota que ilustra la idea del "tiempo perdido"), la primera vez que nuestro profesor de literatura española, un gran profesor y hoy un reconocido novelista, nos habló de Miguel Hernández fue en una aula, a escondidas, fuera del programa anual, pendiente de que algún ultra reventara el acto. Eran los años 1973 ó 1974, no recuerdo con exactitud.

Los años de interino fueron intensos, emocionantes, pero también duros, por la incertidumbre por el puesto de trabajo, por el desprecio que notabas de tus compañeros, muy disimulado, eso sí.

En cierta ocasión me sentí desautorizado delante de mis alumnos por parte de un Jefe de Estudios altivo e incompetente. Según él era incapaz de mantener silencio en mi clase. "Es que los interinos no podéis con los alumnos...", me dijo en medio del asombro de todos. Simplemente mis alumnos estaban trabajando en grupo una actividad de "speaking". Esto le expliqué, pero dudo que entendiera que era una actividad oral y de ahí el alboroto en la clase. Seguí haciendo actividades para practicar la expresión oral, sin preocuparme por las posibles broncas del Jefe de Estudios.

En otro momento, el inspector de turno me espetó: "los interinos no sabéis hacer programaciones". Me argumentó que en mi programación anual de cierta materia faltaban tales o cuales aspectos, pero yo le rectifiqué diciendo que todos esos aspectos estaban incluidos. Su respuesta fue fulminante; "Cállate, un interino se cree que siempre tiene la razón". En este caso la tenía.

Después de aprobar las oposiciones y gozar de un puesto fijo en la enseñanza pública, ningún inspector se me dirigió en ese tono.

******

Sacas la plaza y a dejar de preocuparte por el futuro. El profesor deja de preocuparse por su futuro, pero está el futuro de los jóvenes que tiene en sus aulas. No se aburguesa como tantos y tantos a su alrededor.

Desgraciadamente, muchos jóvenes profesores ven en la enseñanza una salida laboral más que una labor vocacional. Los años de interino sirven para foguearse, para darse cuenta de lo que es esto, para saber si vales o no, si aguantas el envite o no. Es como un noviciado necesario.

6
ENSEÑAR EN UN AMBIENTE RURAL

*"La tarea del educador moderno no es
podar las selvas, sino regar los desiertos"
(Walter C. Sellar)*

Es difícil motivar a los alumnos. Es difícil motivarlos para aprender algo que consideran difícil y aburrido. Y aún es más difícil motivarles en el aprendizaje de un idioma si creen que nunca van a tener la oportunidad de usarlo. Los alumnos que no tienen la intención de seguir con estudios superiores consideran el aprendizaje de la lengua inglesa como una inutilidad.

¿Para qué quiero saber inglés si no voy a hablar nunca con un extranjero? Si no voy a salir de mi pueblo, ¿para qué quiero el inglés?, te repiten. Y no vales contestarles que el saber no ocupa lugar o que nunca se sabe lo que puede pasar en el futuro.

"Mi padre nunca ha salido del pueblo y no ha necesitado aprender inglés". "Para cultivar patatas no tengo que saber este idioma", insisten. Si no hay una motivación primaria del alumno, ¿cómo motivarles?

Pensé en las canciones como método motivador. Si entendían las letras de las canciones que les gustaban, quizás aprenderían vocabulario. También pensé en películas subtituladas. Leyendo los subtítulos podrían aumentar su vocabulario y oyendo a los protagonistas mejorarían su expresión oral.

Pero aparte de vocabulario y "listening" deben estudiar estructuras gramaticales y tener una buena expresión oral y escrita. Combinando actividades de ejercicios gramaticales con canciones, películas, y role-plays (diálogos en los que participan los alumnos), parecía que el interés del grupo estaba subiendo. Sin embargo, siempre había alumnos dispuestos a la pelea, a reventar las actividades. Opté por dedicarme a los motivados, a los interesados en aprender a hablar y entender inglés. Los desmotivados sobraban en mi clase y les hacía ver (sobre todo en las actividades de role-play") lo inútiles que podían llegar a ser, cuando se trataba de comunicarse con los demás, en un momento en el que el inglés se estaba aprendiendo en las aulas de todo el planeta.

Eso sí, nunca puede convencer a un alumno de etnia gitana, que me retó: "Si yo aprendo inglés, tienes que aprender caló a cambio."

******

El aprendizaje de idiomas, profe, ha sido el patito feo de la enseñanza en nuestro país. En toda Europa los jóvenes y no tan jóvenes hablan el inglés con una soltura envidiable. Nuestros políticos se están dando cuenta de la importancia de este dato, incluso para ellos, en un momento cuando la globalización incluye también la comunicación. Un político que no domine dos o tres idiomas puede considerarse un analfabeto. Ellos deben ser los primeros en dar ejemplo y apostar por un cambio radical en la enseñanza de idiomas. No sirve el ejemplo de cierto presidente de gobierno que hablaba inglés con un acento cómico.

No estaría mal, profe, que las películas de TV se exhibieran en su versión original (con subtítulos), como ocurre en la gran mayoría de países de Europa. Nos extraña que los alumnos que vienen del Este de Europa consiguen hablar tan rápido nuestro idioma. Tienen ya su sonido en el cerebro.

7
¿FUERZA VIVA?

"La meta principal de la educación es crear hombres que sean capaces de hacer cosas nuevas, no simplemente de repetir lo que otras generaciones han hecho: hombres que sean creativos, inventores y descubridores. La segunda meta de la educación es la de formar mentes que sean críticas, que puedan verificar y no aceptar todo lo que se les ofrece"
(Jean Piaget)

Al principio de la década de los 80, la figura del profesor gozaba de cierta consideración social. En el pueblo en que impartía la docencia (con cinco mil habitantes más o menos) al profesor se le miraba con gratitud. No eran pocas las veces que recibía regalos de parte de los padres de sus alumnos. Había una estrecha relación padres-profesores. Por la calle te paraban para preguntarte por el avance de sus hijos en clase. "Si tiene que darle un tortazo, se lo dé. Tiene mi permiso", solían decir.

¡Cómo han cambiado los tiempos! Hoy sigo trabajando en un Instituto de Educación Secundaria en un pueblo de unos seis mil habitantes, pero nuestra consideración social está por el suelo. Si hay contacto con los padres, es para plantear sus quejas por un "castigo inadecuado" de su hijo, por una "nota injusta" o para reclamar que tal examen debía estar aprobado. Si algún profesor, harto de llamar la atención a sus alumnos, fuera de sí por las burlas continuas o desprecios que recibe en el aula, se le ocurre amenazar a un alumno, inmediatamente aparece la madre (el padre, en menor medida; las madres todavía se siguen ocupando de la educación de sus hijos) para pedir responsabilidades. "A mi hijo no se le amenaza", dicen. "Si ocurre otra vez, les denuncio", amenazan.

Pero volviendo a mis primeros años, el profesor, yo mismo, era considerado una "fuerza viva" del pueblo. El cura, el maestro, el alcalde y concejales, los comerciantes, todos éramos las "fuerzas vivas". Imagino que lo de vivas era porque dábamos vida a los bares del pueblo, tomando cervezas y chatos de vino, después de nuestra jornada laboral. No me sentía a gusto con esta situación, con el cartel de "fuerza viva", acompañando a las otras fuerzas. Éramos la burguesía, que yo creía acomodaticia. Nuestras conversaciones eran banales. Parece que presumíamos ante agricultores y obreros. Aguanté pocos días las rondas por los bares; prefería el trato con los padres y hablar con ellos de sus hijos, o el diálogo con profesores amigos para seguir hablando de nuestros muchachos.

******

Profe, las fuerzas vivas son un reducto de tiempos pasados. Los curas de los pueblos eran los líderes de esas fuerzas, los que dictaban la moral; junto con las parejas de la Guardia Civil, que la imponían.

Se supone, profe, que aquellos tiempos están superados, que la moral no se dicta, ni se impone. Por eso, profe, estabas a disgusto en ese ambiente, entre tanta fuerza viva.

8
INDISCIPLINA EN LAS AULAS

*"Educad a los niños y no será necesario
castigar a los hombres"*
(Pitágoras)

Tener una clase de más de veinte alumnos controlada es harto difícil. Querer mantener el silencio absoluto es una utopía. Los profesores nos obsesionamos muy a menudo por la disciplina, cuando debemos estar concentrados en impartir una docencia. Pero si hay indisciplina, la enseñanza de nuestra materia se hace imposible. ¿Cómo salir airosos de estas situaciones? ¿Gritando, imponiendo tu autoridad por las buenas o las malas? ¿Amenazándoles con castigos o exámenes extra?

Voy a enumerar una serie de fórmulas que he aplicado en mis clases: Los mayores problemas de indisciplina suceden en aulas del primer ciclo de Secundaria, aunque también pueden aparecer en el segundo ciclo. Los alumnos del primer ciclo (1º-2º de ESO.) tienen 12-13 años. Su comportamiento es de niños, aunque quieren aparentar ser más mayores. Nos encontramos con grupos habladores, desinteresados por la materia; algunos han abandonado toda posibilidad de aprobar curso; muchos son repetidores. Dedican su tiempo a incordiar a los compañeros, a interrumpir las clases con sus gracias. Yo intento mantenerles en el aula, porque muchos de ellos están deseando que se les expulse de clase para estar más libres o para juntarse con todos los alumnos expulsados de otras clases, con los que hacen piña. Intento no ponerme nervioso y no gritar. Me mantengo en silencio hasta que los indisciplinados se hayan calmado, o los habladores se callan. Voy hacia ellos con cara de pocos amigos, haciéndoles ver mi enfado, les miro fijamente a los ojos hasta hacerles que bajen la mirada y les digo que su comportamiento no es el adecuado y que si continúan con su actitud, mi actitud hacia ellos cambiará. Por lo general, surte efecto entre aquellos que yo llamo "indisciplinados light", que todavía sienten cierto pavor ante un profesor enfadado; es muy difícil que los indisciplinados "heavy" cambien de actitud. Pasadas unas clases seguirán con su comportamiento inaguantable que corta repetidamente el ritmo de las actividades: se niegan a trabajar, hay que obligarles a sacar el material de trabajo de sus mochilas, te retan con la mirada… Con éstos sigo con mi táctica de "profesor cabreado": voy hacia ellos con una mirada profunda, les señalo con el dedo y les digo que están agotando mi paciencia. Repito esta fórmula hasta cinco veces, es decir, mi paciencia tiene un límite. Es muy difícil no perder los nervios y no gritarles. Pero merece la pena intentarlo, porque con los gritos se consigue el efecto contrario. Tampoco los expulso de clase, porque traspaso el problema a los compañeros que en ese momento tienen su hora dedicada a la actividad complementaria que llamamos "guardia", por si tienen que suplir a un compañero ausente, o para estos casos de expulsión.

Después de agotar mi paciencia, después de las cinco oportunidades dadas y ningún cambio en su conducta, cambio de táctica.

Me mantengo en silencio hasta que se calman. En este momento, toda la clase callada espera una respuesta mía. Mantengo el silencio hasta que se les hace insoportable a los alumnos. Ya los díscolos empiezan a bajar las miradas. Es la hora de actuar. Todos esperan un grito por mi parte. Simplemente me limito a decir: "Tú y tú (o tú, tú, tú, tú…y tú), después de clase, en el recreo, hablaremos". A partir de ya mismo, en sus mentes empieza una tarea de asociación: qué castigo me pondrá, qué me dirá, qué le dirá al Jefe de Estudios, a mis padres….

Me reúno con los implicados y, en silencio, espero que ellos hablen. Me mantengo callado hasta que alguno empieza: "…es que…", "yo no quería…", "será la última vez…". Son ellos mismos los que te cuentan lo que tú esperes que te cuenten. Cuando han acabado, les hago ver mi grado de enfado; les explico que con su actitud están incidiendo negativamente en el aprendizaje de sus compañeros y les reto a cambiar de actitud: "…demostradme que se puede confiar en vosotros. Si no es así, no esperéis otra oportunidad por mi parte".

Al cabo de unos días, lo normal es que los más "heavy" vuelvan con su indisciplina. En la fase siguiente no queda más remedio que acudir al Jefe de Estudios o llamar a los padres. En los casos más graves tendremos que aplicar con rigor las normas del Reglamento del Centro y, en su caso, abrir expediente disciplinario.

En los últimos años he intentado una táctica que me está dando buenos resultados: La primera clase del curso la dedico a aprobar unas "normas de obligatorio cumplimiento para toda la clase". Hablamos de lo que nos parece lógico que se puede y no se puede hacer en clase. Cada alumno escribe cinco normas. Después leemos todas las escritas y se van aprobando o rechazando. Al final tenemos una lista aprobada por todos, que será colgada en el tablón de anuncios del aula. Los alumnos consideran que son "sus normas" y que todos deben respetarlas. Si alguno las incumple, son los propios alumnos los que echan en cara su incumplimiento.

Estas son las normas aprobadas en una clase de 3º de ESO. en el último curso:

DON'Ts
Don't make noise
Don't shout
Don't talk to the others unless you have the teacher's permission
Don't throw papers
Don't stand up if there is no permission
Don't annoy your partners
Don't run in class
Don't open-close the windows without permission
Don't eat in class

DOs
If you want to speak, ask for permission (hands up)
Work with no dismay
Help your comrades
Use the books and all the other materials
Pay attention to the teacher's explanations
Do your homework
Study every day
Ask your teacher about what you don't understand

Las redactamos en inglés porque de esta manera los alumnos repasan estructuras y vocabulario. Es una forma original de introducirles en un nuevo curso. Es una especie de prueba inicial, en la que ellos mismos se demuestran en qué nivel se encuentran. Esta es su traducción:

LO PROHIBIDO
No hacer ruido
No gritar
No hablar con los otros sin permiso del profesor
No tirar papeles
No levantarse sin permiso
No molestar a los compañeros
No correr en clase
No abrir-cerrar ventanas sin permiso
No comer en clase

LAS OBLIGACIONES
Si quieres hablar, pide permiso (manos en alto)
Trabaja sin desmayo
Ayuda a tus compañeros
Utiliza los libros y todo el material escolar necesario

Presta atención a las explicaciones del profesor

Haz tus deberes

Estudia cada día

Pregunta a tu profesor lo que no entiendas.

Se observará que nuestros estudiantes, a pesar de sus quince años, son muy coherentes cuando se trata de algo que les incumbe.

******

Los alumnos violentos, profe, no tienen remedio. El Lorenzo aquel que llamaba puta a la directora debería estar en un Centro de Menores. Acudía al Instituto por la mañana en un taxi. El transporte escolar es gratis en la etapa obligatoria y Lorenzo vivía en un pueblo sin ningún otro vecino,
y alejado de la ruta de los autobuses del transporte escolar. Se presentaba a primera hora de la mañana más chulo que nadie, en el mercedes del taxista. No hacía otra cosa que insultar a profesores, alumnos y personal laboral. Era un peligro por su violencia. Las autoridades se lavaron las manos con la excusa de que la educación

(¿qué educación?) es obligatoria hasta los 16 años y había que recogerlo en el Instituto.

El gitano que te amenazó, profe, con clavarte la navaja y que te dijo que sabía donde vivías y qué coche tenías, era un asesino en potencia. Todo por decirle que no insultara a una compañera. Sólo en un centro especial podrían reconducir su comportamiento.

Pero mientras llegó el cambio de centro, hubo que aguantar las violentas amenazas de Lorenzo y del gitanillo.

Sí, profe, la educación debería ser obligatoria para todos, pero para todos los que no interfieran con su violencia en la educación de los demás.

A veces, un tortazo a tiempo…

9

CUANDO LLEGA LA PRIMAVERA

*"Yo no soy un maestro, sólo un compañero
de viaje al cual has preguntado el camino.
Yo te señalé más allá de mí y de ti mismo."
(George Bernard Shaw)*

La primavera llega y los profesores somos los primeros en notar sus signos. La primavera ha venido y sí sabemos cómo ha sido, aunque Machado, profesor él mismo, escribiera lo contrario. En los centros de enseñanza de todo el mundo los adolescentes muestran sus primeras hojas primaverales, savia nueva corre por sus cuerpos en forma de hormonas que les llenan de vida.

Cuando Margarita, de 14 años, luce unos vestidos ajustados que dejan entrever sus encantos futuros, es que la primavera ha llegado. Si Pedrito, de 15 años, revolotea como nunca entre las chicas y hace en clase más gracias que los días anteriores, es un signo inequívoco de que la primavera ha venido.

Cuando Juan, de 13 años, se sonroja si una chica le mira o baja la mirada cuando se dirige a Paula, es que la primavera ha llegado. Si Paula, de 13 años, está más habladora que de costumbre, incluso habla con Juan al que en los días anteriores ni siquiera le dirige una mirada, aunque fuera de desprecio, es que ha venido la primavera.

Definitivamente el bueno de Antonio Machado, profesor de francés en un Instituto de Soria que hoy lleva su nombre, estaba más preocupado por escribir poesía que por las señales primaverales que le lanzaban sus alumnos adolescentes.

******

Primavera y otoño, profe, se juntan en las aulas. La primavera es perenne; cada año la misma, con los quinceañeros y quinceañeras demostrándolo cada mes de abril. El otoño, tu otoño, se acerca al invierno. Cada año que pasa es más invierno que otoño y el contraste con los primaverales alumnos se agranda.

Así de cruel, profe, es la realidad. Pero si no hubiera otoño e invierno no habría primavera.

¡Vivan los profes otoñales!

10
EL MAL EJEMPLO DE LA TELEVISIÓN

*"No hay espectáculo más hermoso que la
mirada de un niño que lee"
(Günter Grass)*

Al preguntarle a una alumna si había hecho
los deberes, me ha contestado: "…hoy no,
mañana". Ha repetido una frase que ha oído
en la televisión a un conocido humorista,
que la dice una y otra vez en sus programas.
Esta contestación de mi alumna me hace
pensar en el mal que algunos programas
pueden sembrar entre nuestros adolescentes.

No se trata de que repitan las idioteces que
oyen, y así su expresión oral se reduce a
unas cuantas frases hechas, que han oído en
la "caja tonta"; se trata también de que el
adolescente intenta parecerse y actuar como
sus ídolos televisivos, y sus ídolos no son
precisamente un digno ejemplo a seguir.

Las series de televisión con jóvenes protagonistas nos presentan situaciones totalmente irreales, sólo posibles en la mente de los guionistas. Nuestras clases están llenas de actrices y actores que se visten como los personajes de sus series favoritas, que actúan como ellos, que se mueven al son que tocan determinados guionistas. Lo peor de todo no es vestir, actuar, moverse de una forma u otra, porque siempre han existido unas pautas a seguir, sino que nuestros adolescentes no son actores o actrices. Si se comportan así, están huyendo de su realidad, no están siendo ellos mismos, están repitiendo situaciones irreales: las series de televisión no reflejan la realidad de las aulas ("Física y Química", "Los Serrano", "El Internado"…), en muchos casos nuestras aulas están reflejando la realidad de las series.

Una compañera, profesora de francés, me contó la siguiente anécdota:

"He llegado a clase de 4º ESO. B y me he encontrado a todos los alumnos de pié, delante de sus pupitres. Como puedes imaginar, yo les he mandado que se sentaran. Pero ni caso; ellos seguían de pié y muy serios. Les he preguntado gritando si estaban sordos o alelados o no sé qué más barbaridades, fuera de mí como estaba. Pero nada, ellos seguían con la mirada hacia el suelo, intentando aparentar seriedad. Otra vez les he gritado y ellos han continuado con su actitud. Me he ido a buscar al Jefe de Estudios y cuando hemos vuelto a la clase, allí seguían sin sentarse y con una seriedad impropia de su edad. Al Jefe de Estudios sí le han hecho caso y se han sentado, después de recibir el castigo correspondiente: una semana sin recreo".

Al día siguiente supimos el porqué de su tonta rebeldía: repetían una situación que habían visto en el programa de la noche anterior. En la serie "Los Serrano", una cándida profesora había sufrido la misma broma. El objetivo de la actitud de los estudiantes era un reto: el último que se sentara después de entrar la profesora en clase era el ganador.

Ésta es una muestra de cómo algunos programas de TV inciden en el comportamiento de nuestros adolescentes. Si observo actitudes que reflejan los vistos en la TV, les digo que deben esforzarse en ser ellos mismos.

******

Un libro, mejor un libro siempre, que el mejor programa de la TV. Hay que seguir insistiendo, profe, en la propaganda de la lectura. Los jóvenes tienen que leer, aunque sea comics.

La TV atonta. El cerebro no tiene que activarse ante un programa televisivo porque las imágenes lo ofrecen todo. La imaginación permanece enquistada.

Leed, chavales, leed y vuestra imaginación funcionará, os hará más capaces, más intuitivos, más hábiles para la expresión escrita, tan denostada últimamente. Esos SMS de los móviles hacen mucho daño a vuestra comprensión lectora. Alguno de vosotros sólo lee mensajes del móvil y cuando le dan un libro no comprende sus mensajes.

11
ACOSO EN LAS AULAS

*"Educar en la igualdad y el respeto es
educar contra la violencia"
(Benjamín Franklin)*

En mis años de enseñanza apenas he observado casos de "bullying" entre mis alumnos. En la última década hemos asistido al incremento del acoso en las aulas. Es debido, según mi opinión, a los cambios surgidos en la misma sociedad. Si hay conflictos en la sociedad, estos conflictos se reflejan en las aulas. Si un alumno proviene de una familia rota, es más fácil que refleje esos conflictos en su clase. Si observan situaciones violentas en su entorno, esa violencia la trasladan a su entorno más próximo que es el aula.

En el ambiente rural en el que trabajo, los alumnos que llegan al Instituto han estado compartiendo clase desde sus cursos de infantil y el trato es casi familiar; forman un grupo de amigos muy compacto e intentan ayudarse. Sin embargo, con la llegada de inmigrantes al centro, sí que he podido constatar en los últimos años un cambio en el comportamiento dentro del aula.

Aproximadamente el 15% del alumnado del Centro son inmigrantes, con mayoría de ecuatorianos y rumanos, pero también los hay de Bulgaria, Polonia, Marruecos, Honduras, R. Dominicana...Todos ellos tienden a reunirse por nacionalidades en sus ratos libres del recreo, pero en el aula aparecen más aislados que el resto del grupo. Creo que se trata más bien de una situación de falta de confianza que de rechazo. Los alumnos inmigrantes, en general, no han pasado por las aulas de Primaria con los otros compañeros y les falta "el roce" que se consigue con los años.

He conocido dos casos de acoso: uno en la clase de 1º de ESO. de la que era tutor, caso del que fui testigo; y otro en un grupo diferente también de 1º de ESO., que me han contado:

- Una mañana observé que un alumno
dominicano, mulato él, de ojos
expresivos, buen estudiante y muy
educado en su trato con los demás,
estaba llorando. Le pregunté la razón
y me respondió que un compañero, el
más alborotador de la clase, un tipo
conflictivo, que posteriormente acabó
en un reformatorio para jóvenes por
problemas fuera del aula, le había
llamado "gorila". Hablé con el
causante de los lloros y le dije muy
en serio que su insulto era el más
grave jamás podría decir: insultaba a
un compañero, tenía tintes racistas y
había provocado un malestar. Le
comenté que esperaba que fuera la
última vez que esto ocurría y si no era
así se las vería conmigo, no habría
castigo suficiente para él en nuestro
Reglamento; y que sus compañeros
de clase eran testigos de su
arrepentimiento o de su recaída. Le
hice pedir perdón al desconsolado
alumno delante de toda la clase. El
dominicano aceptó el perdón y no he
sabido de más acoso hacia él.

- Una chica de 1º de ESO., como el chico anterior, era acorralada, insultada, pegada continuamente por un grupo de chicas de su clase, simplemente porque era la alumna más brillante de la clase. Le decían que era una empollona, que estaba enchufada. La alumna estaba triste en casa, pero no quería decir nada del problema. Por fin, su madre pudo sacarle las causas de su malestar. A partir de entonces, se llamó al orden al grupo de chicas implicadas, que recibieron el castigo merecido.

Los profesores estamos absolutamente concienciados para cortar de raíz cualquier caso de "bullying", o acoso escolar, que aparezca en nuestras aulas. Es más, yo añadiría que estamos vigilantes para que casos como los descritos no se repitan.

En algunos Institutos, como en el que yo trabajo, se ha creado la figura de Coordinador de la Convivencia, encargado de solucionar problemas de interrelación alumno-alumno, profesor-alumno. Está ayudado por voluntarios, tanto alumnos como profesores, que hacen la función de "mediadores" en los conflictos. En los dos años que lleva funcionando, sus resultados son muy positivos.

Todos los profesores debemos vigilar conductas que creemos lesivas para nuestros alumnos. Sabemos que los alumnos considerados "débiles" por el resto del grupo son los que tienen más posibilidades de sufrir un acoso. También debemos distinguir entre simples peleas infantiles, que en la 1ª etapa de Secundaria (alumnos de 12-13 años) son frecuentes, y casos de acoso, que hacen la vida imposible a los que lo sufren, que no desean volver al Instituto, que están tristes, aislados... y que en algunos casos extremos les lleva al suicidio.

Un ex-alumno me comentó, durante una charla en la que surgió este tema del acoso escolar, que se arrepentía de haberse "cebado", él y un grupo numeroso de la clase, con un compañero, que recibía collejas continuas, insultos, balonazos... A este alumno le costaba concentrarse en los estudios y repitió curso dos veces. Cuando una persona está en su madurez, que ya ha dejado atrás sus años locos adolescentes, es capaz de distinguir lo que está bien de lo que está mal, el daño causado. Es la obligación del profesor de conculcar en sus alumnos el respeto a los otros, porque sólo así se respetarán a sí mismos.

Lo que debemos tener presente para la educación integral son las preocupaciones básicas del individuo: el pavor a sentirse como persona sin importancia, el miedo a ser despreciado, a ser humillado.

******

El chico que insultó e hizo llorar al su compañero dominicano repetía lo que veía en su casa: violencia del padre hacia sus hijos, ausencia de cariño por parte de la madre.

Este tipo de alumno violento, profe, cada vez es más común en nuestras aulas. Llegará un momento en que tengamos que poner detectores de metales a la entrada de los Institutos, como en los centros educativos del Harlem neoyorkino. Aquí, zona agrícola, sin demasiados problemas en la comunidad, pero con familias desestructuradas.

12
SUBGRUPOS EN EL AULA

"Educar no es fabricar adultos según un modelo sino liberar en cada hombre lo que le impide ser él mismo, permitirle realizarse según su genio singular"
(Olivier Reboul)

En una clase de más de una veintena de alumnos es fácil encontrarse con un amalgama de personalidades, caracteres, inteligencias, comportamientos... Siempre he tenido en cuenta el nivel de conocimiento, más que todas las demás diferencias. Cuando se enseña un idioma es difícil que todos sigan el mismo ritmo en clase, porque el aprendizaje de un idioma requiere habilidades especiales, más que ninguna otra materia.

No obstante, si hiciéramos un estudio del comportamiento de un grupo, nos encontraríamos con las siguientes variables:

A.- En relación a su trabajo y rendimiento:
1. Alumnos trabajadores, que llevan la materia al día, estudian y repasan en clase y en casa, que hacen las tareas y mantienen un cuaderno de trabajo impecable. El porcentaje de este tipo de alumnado está bajando alarmantemente con los años. Hoy, por lo menos en mis clases, no representan más del 30%, por término medio, y en algunas no llega al 15%.
2. Alumnos que hacen el mínimo esfuerzo para aprobar el curso. Por lo general, son estudiantes inteligentes, pero desinteresados. Cada curso aumentan los de este tipo, llegando actualmente al 30% e incluso más.
3. Alumnos desinteresados, guerreros, perezosos, desorganizados, que no prestan atención al profesor, que molestan, que interrumpen. Son en muchos casos repetidores, a los que les aburre la clase y tienen que buscarse su entretenimiento de alguna

manera. Desgraciadamente este tipo de alumnado está aumentando con el paso de los años. Me atrevería a decir que representan el 40% en las clases de Secundaria.

Los tres subgrupos descritos son representativos de las clases de Secundaria. Como es lógico, los grupos de bachillerato, una vez que los del subgrupo 3 han abandonado, como no puede ser de otra manera, se reparten entre los subgrupos 1 y 2, con más incidencia del 1.

B.- Por su personalidad los divido en
  1. Los líderes, que arrastran a un grupo de la clase. Si se trata de alumnos brillantes, trabajadores, su influencia en el grupo es muy positiva. No abundan, por desgracia. Abundan los líderes negativos, que arrastran a más alumnos que los anteriores.
  2. Los graciosos, que siempre pretenden decir la gracia más graciosa, la más simpática. Son extrovertidos, pero no ayudan al

grupo con su comportamiento. Son capaces de atraer a gran parte del grupo. Los adolescentes son muy fáciles de moldear y estos graciosos se llevan a la masa.

3. Los "alumnos-masa". No tienen iniciativa propia, se mueven al son que tocan los dos subgrupos anteriores. Por lo general, son alumnos desmotivados y poco trabajadores. Representan la mayoría de la clase.

¿Cómo crear líderes positivos que arrastren al resto del grupo? Esta es una tarea del profesor y cada uno de nosotros debería dedicar parte de su tiempo a detectarlos y promocionarlos.

C.- Por su comportamiento, distingo:
1. Alumnos modelo, que atienden, son pacíficos, educados, trabajadores, interesados en aprender. No son del gusto de los otros subgrupos, aunque si tienen madera de líderes pueden resultar muy positivos para la clase.

2. Alumnos indisciplinados "light". Son alumnos que se dejan llevar por otros, que ríen las gracias, que no representan un serio problema para el desarrollo de la clase, pero que tampoco ayudan.

3. Alumnos indisciplinados "heavy", los que más quebraderos de cabeza plantean al profesor. Son hiperactivos, pero su actividad es negativa, problemática; cortan continuamente las explicaciones del profesor, el ritmo de las actividades, son irrespetuosos. Muchos de ellos son capaces de atraer a parte del grupo y su influencia es muy negativa.

Con tantos subgrupos en el aula parece que estoy dando la impresión de que nuestra tarea educativa es poco menos que imposible. Todo lo contrario. Conociendo lo que te puedes encontrar entre tu alumnado, encontrarás la mejor manera de tratarles, de enseñarles. La tarea es fascinante, pero hay que tener una voluntad de hierro y una fuerza mental descomunal.

Líderes, profe, se necesitan auténticos líderes del bien, del esfuerzo, de la cordialidad. Jóvenes alentados por sus padres en el trabajo diario, en el aprendizaje como objetivo primordial.

Pero hay padres que alardean de no haber cogido nunca un libro y que no por eso son menos que los demás. A padres así, profe, hay que cantarles las cuarenta, porque son un ejemplo nocivo, son líderes mundiales de la negatividad. Y los adolescentes que tienen madera de líderes negativos reproducen en el aula las fanfarronadas de sus padres.

13
EL SALARIO DEL PROFESOR

*"El hombre instruido lleva en sí mismo sus
riquezas"
(Fedro)*

Escribo estas líneas un día en que los sindicatos han convocado huelga general de funcionarios, en protesta por el recorte salarial. El Gobierno ha buscado una solución fácil para salir de una crisis económica a la que nos ha llevado la avaricia del gran capital, los grandes bancos y financieras. Este mismo Gobierno, así como los Gobiernos de todo el mundo occidental (con EE.UU. a la cabeza), había dado con anterioridad miles de millones de euros a los grandes causantes de esta crisis.

Dejando las connotaciones políticas de este recorte salarial y la posterior congelación para el año próximo (por cierto, a lo largo de mi vida laboral ya he sufrido unas cuantas congelaciones de salario; a este paso nuestra cuenta se va a resfriar de por vida), voy a desglosar todas nuestras tareas, todo lo que estamos obligados a hacer y después juzguen si nuestro salario es o no justo:

- Enseñar y practicar conocimientos
- Evaluar el aprendizaje del alumno
- Hacer un seguimiento del avance del alumno en su proceso de aprendizaje
- Cuidar de un grupo de alumnos en una edad difícil y comportamientos cambiantes.
- Orientar al alumno de cara a su futuro
- Aconsejarle en su manera de adquirir conocimientos
- Preparar adaptaciones curriculares para alumnos que no puedan seguir el ritmo de sus compañeros
- Hacer la programación anual de la asignatura
- Preparar y organizar la materia que impartes para un grupo determinado
- Preparar las actividades de cada una de las clases
- Corregir actividades del cuaderno de trabajo del alumno

- Corregir los exámenes
- Reunirse con los padres
- Reunirse con los profesores del mismo departamento didáctico
- Reunirse con los profesores del Instituto para buscar soluciones a problemas generales
- Responsabilizarse de los alumnos en las actividades extraescolares programadas

También se supone que debemos:
- hacer las clases agradables a los alumnos (como payasos-actores)
- motivar a los desmotivados (como si fuéramos magos)
- aceptar las, a veces, ilógicas o politizadas líneas trazadas por la Inspección educativa.

Todo el mundo sabe lo que cobra un profesor; sin ir más lejos estos días, con motivo de la huelga general de funcionarios, aparecerán los sueldos de los diversos niveles del funcionariado en los medios de comunicación. Creo que nuestro salario es digno pero no con el que uno sueña cuando empieza su labor docente. En cualquier caso, es mucho menor que el salario que cobran muchos otros licenciados en otros campos de la administración pública o privada. Voy a dar un consejo a los que empiezan en la enseñanza: Si piensas hacerte rico con este trabajo, si no tienes verdadera vocación para tratar con adolescentes y no te apasiona la enseñanza, mejor que te olvides de esta profesión. Ni siquiera las vacaciones te aliviarán de tu decepción.

******

No se empieza en esta labor, profe, por el dinero. Ya sabías que todos se meten con vosotros; que si tenéis muchas vacaciones, q
      ue si trabajáis poco, que si cobráis mucho…

Deben pensar que les producís dolor de cabeza, mientras que un médico se lo quita, y, lógico, con éstos no se meten, ni con su sueldo, ni con su honroso trabajo, ni…

La labor educativa no tiene precio.

73

¿Cuántos ingenieros, catedráticos, abogados, matemáticos, médicos incluso, han pasado por tus aulas, profe?

14
¡AY, LOS PADRES!

*"Gobierna tu casa y sabrás cuánto cuesta
la leña y el arroz; cría a tus hijos y sabrás
cuánto les debes a tus padres"
(Enrique Jardiel Poncela)*

Primavera de 1981. César, alumno de 2º de BUP. (actual 4º de ESO.), repetidor, fuerte, alocado, impaciente, inteligente, desobediente, mentiroso y también insufrible. Se ha dedicado dos años a preparar una faena tras otra. Se ha peleado, ha insultado a los profesores, ha roto cristales...El curso anterior intentamos por todos los medios encauzarlo. Incluso le dimos el primer premio del concurso literario organizado por el Instituto. Su redacción reflejaba las inquietudes de una mente despierta, pero desequilibrada, rencorosa. Nos hizo pensar que merecía la pena apostar por él para intentar cambiar su comportamiento combativo. El tiempo nos demostró que gran parte de la culpa de esa rebeldía era su padre. César recibía palizas cada vez que llegaban las calificaciones a su casa. Su padre era una de esas personas autoritarias, incapaz de razonar y propenso a los ataques de ira.

Esta vez César ha destrozado la puerta del aula. En un primer momento lo negó, pero tres compañeros lo vieron y no le ha quedado más remedio que reconocer su acción. Fue castigado a pagar una puerta nueva, así como a permanecer en el aula los recreos durante un mes. El chaval aceptó, de mala gana, el castigo. Sabía que eso no era lo peor: su padre se cebaría con él. Así fue. Al día siguiente apareció en el Instituto con la cara llena de moratones. Al final de la mañana, su padre entró furioso en el centro preguntando por el director. Montó un escándalo, diciendo que era una injusticia que él tuviera que pagar una puerta utilizada por todos. Gritó encolerizado y no se pudo dialogar con él. Era el encargado de una fábrica y estaba acostumbrado a imponer sus dictados y a que nadie le llevara la contraria. Creíamos que los caciques habían desaparecido de estos lares. Estábamos equivocados.

Primavera de 2004. Oscar, alumno de 3º de ESO., charlatán, vago, graciosillo, ocurrente, repetidor, como cabe esperar por su trayectoria. No plantea graves problemas de disciplina, pero hay que mandarle callar cada cinco minutos. A pesar de haber llegado hasta 3º, su nivel de conocimientos está a la altura del último curso de Primaria. Para conseguir el título de Secundaria sólo le queda la opción de la Diversificación, un camino más fácil, y en el que están los que tienen interés por estudiar, pero incapacitados para titular por la vía normal. No es el caso de Oscar, que es listo, y además desinteresado. Así lo ha visto el equipo educativo que ha determinado no ofrecerle el programa de Diversificación y no le quedará otra solución, si quiere titular, que trabajar más y ponerse al nivel de sus compañeros.

Enterada su madre de esta resolución de sus profesores (equipo educativo), ha llegado al Instituto suplicando en primer lugar, y amenazando cuando ha oído los argumentos del equipo de orientación, del director y de su tutora. El padre de Oscar es uno de los más ricos del pueblo. El mismo Oscar presume de zapatillas y ropa de marca y de sus vacaciones exóticas delante de sus compañeros. Su madre no concibe que siendo tan ricos tengan un hijo sin un título de Secundaria. Por eso ha denunciado al centro a la Inspección. Lógicamente su denuncia ha caído en saco roto, porque las razones del equipo educativo para apartar a Oscar del programa de Diversificación son tan evidentes que no ha hecho falta ni siquiera una revisión.

Son dos ejemplos de cómo, a veces, los padres no colaboran positivamente en la educación de sus hijos, sino todo lo contrario. César estaba acobardado por su padre. Oscar ha sido mal criado, y no le han exigido un esfuerzo desde niño. Este tipo de padres debería pensar que los profesores de sus hijos son profesionales y dan a sus hijos lo que les conviene. ¿Por qué siguen las indicaciones de un médico y a un profesor lo amenazan?

Por otra parte, la sociedad está cambiando a un ritmo vertiginoso. Padres separados o divorciados eran infrecuentes hace treinta años, y menos en una zona rural. Ahora hay casos abundantes. Desgraciadamente, las familias rotas son un germen de alumnos conflictivos.

Los hijos agradecen si los padres les ponen normas consensuadas, les dejan libres, les respetan, no están ordenando, prohibiendo, oprimiendo y castigando como si fueran éstas las normas.

******

Los padres, profe, lo tienen más fácil. Un padre siempre será un padre, la figura que hay que obedecer, respetar, seguir sin chistar. Mientras tanto la figura del profesor, muchas veces ninguneada en la propia casa del alumno, tiene que demostrar su autoridad clase tras clase.

Sería mejor, profe, que la figura paterna y tú mismo tuvierais más feeling, que evitarais enfrentamientos y malas interpretaciones.

Todos tenéis el deber de educar correctamente, no sólo de echar broncas o prohibirles el móvil, la consola o su programa favorito de TV.

Por último, profe, ¿por qué metes tanto con los médicos? Espero que sólo sea un ejemplo de la ojeriza que os tienen algunos padres.

15

PROFESOR: PADRE-MADRE, HERMANO, AMIGO, ENFERMERO…

*"Uno recuerda con aprecio a sus maestros
brillantes, pero con gratitud a aquellos que
tocaron nuestros sentimientos"*
(Carl Gustav Jung)

A Manolo se le ha muerto la madre de cáncer. Ha estado los últimos meses pensativo, paralizado, desconcentrado, apático; es fácil que tenga que repetir curso. Soy su tutor y he hablado con él para intentar animarlo. Se te parte el alma en situaciones como ésta. Ahora lo que me preocupa es convencerle de que su estado depresivo es pasajero. Pasadas unas semanas habrá que afrontar el tema de sus estudios.

Este episodio ocurrió en marzo de 1982. Últimamente he hablado con Manolo, ahora profesor en un centro concertado, y a sus

81

palabras de agradecimiento por mis desvelos en sus días de lágrimas, ha añadido sus comentarios sobre su labor de profesor. Me dice que los profesores somos como una madre, como "tú lo fuiste hace años".

Mª Jesús se ha caído en la clase de Educación Física y su pié tiene mal aspecto. Tengo guardia y me la llevo al curandero del pueblo cercano. Este señor anciano tiene la habilidad, heredada de su madre, de poner los huesos y ligamentos en el sitio apropiado. Mira el de Mª Jesús y enseguida dictamina: tiene esguince de tobillo. Le da unas friegas de alcohol y se pone manos a la obra. Sus dedos penetran en las partes dañadas del tobillo. Continúa durante media hora y le pone una venda. Le dice a la chica que intente mantener el pié en alto y que no se mueva en cinco días. Después todo se habrá arreglado. Es como un héroe este curandero. Sin embargo, para Mª Jesús, yo soy su héroe. ¡Con qué facilidad los adolescentes se quedan prendados de sus jóvenes profesores! Por este detalle de acompañarla al curandero, Mª Jesús no deja de mirarme en clase. ¿Seré su príncipe azul?

Los profesores tenemos la sensación de ser algo más que docentes: somos madres, amigos, colegas…y enfermeros. Cuando Mª Jesús no me quitaba un ojo de encima, yo tenía 25 años. Ahora mi pelo peina canas y no hay ninguna Mª Jesús que me mire fijamente en clase.

Felipe es un alumno inteligente. Ha terminado el bachillerato con unas notas sobresalientes. La selectividad la ha superado con una calificación que le permitirá estudiar la carrera universitaria que prefiera. Pero tienen un problema. En su casa no pueden pagarle unos estudios universitarios, porque debe cursarlos en la ciudad y hay muchos gastos: matrícula, libros, residencia… Felipe tiene confianza conmigo y me ha comentado la situación. Le sugiero que vaya a un banco donde dan créditos para los universitarios, con la condición que tienen que devolverlos cuando encuentren trabajo al final de sus estudios. También le animo a que ahorre durante el verano trabajando en lo que le salga. A los dos días viene hacia mí con la cabeza baja y semblante triste. No le han dado el crédito porque en su casa no pueden avalarle. Tendrá que trabajar duro todo el verano y compaginar estudios y trabajo si quiere que su sueño de conseguir un título en la universidad se haga realidad. Estamos a finales de Junio de 2009 y, con la crisis económica, veo difícil solución para Felipe. Me ha hecho sentir como un hermano mayor incapaz de ayudar al pequeño de la familia.

******

¿Qué pensabas, profe, que ibas a trabajar con objetos inertes? Tus alumnos tienen sus sentimientos, su corazoncito, y estos adolescentes son más sensibles que nadie. Se creen por momentos los más felices del mundo y te contagian su alegría. Al momento, te hacen ver que nadie es más infeliz que ellos. Estos cambios descolocan a cualquiera, profe.

Mejor sería que dejaras tus sentimientos aparte y te dedicaras a enseñar, si no tu sistema nervioso y emocional se resentirá. ¡Ya lo verás!

16
¿PODEMOS MOTIVAR A NUESTROS ALUMNOS?

"El arte supremo del maestro consiste en despertar el goce de la expresión creativa y del conocimiento"
(Albert Einstein)

La motivación tiene distintos matices:
1. Motivación por el aprendizaje
2. Motivación por el trabajo
3. Motivación por la materia
4. Motivación para integrarse en un grupo
5. Motivación para aceptar a un profesor

El profesor poco puede hacer por motivar a sus alumnos en las tres primeras variables. La motivación surge del propio alumno. Si el alumno se niega a aprender, a trabajar o detesta una asignatura, poco podemos hacer para cambiar su motivación intrínseca. Sólo podemos aumentarla o disminuirla si el alumno cambia, porque la motivación parte del alumno, no del profesor.

Cambiando ciertas rutinas y empleando un tipo de metodología, que últimamente he estado aplicando en mi clase y que me ha dado resultados positivos, podemos aumentar la motivación intrínseca del alumno. Si un alumno odia una materia, no quiere trabajar en clase, no hace los deberes, es difícil que avance en su aprendizaje. Su motivación por la materia es cero. El profesor puede obligarle a hacer los deberes, pero no puede obligarle a aprender. Cambiando de metodología podemos aumentar su interés por la materia y, de rebote, su aprendizaje será mayor.

En el verano de 2005 participé en Canterbury (Reino Unido) en un curso para profesores de inglés que me hizo recapacitar sobre la metodología que estaba utilizando: "Creative Methodology for the classroom". Allí tuve la ocasión de practicar una nueva forma de enseñar la lengua inglesa. En las dos semanas que duró el curso, conviví, trabajé e intercambié experiencias e ideas con profesores compañeros de toda Europa.

También tuve la ocasión de conocer al máximo representante actual de esta nueva forma de metodología creativa, Mario Rinvolucri.

En la práctica diaria de esta metodología creativa he llegado a la conclusión de que es la más adecuada para conseguir que nuestros alumnos dominen el idioma y que su dominio se extienda a las habilidades que más esfuerzo y dificultad les suponen: hablar y entender inglés, que debe ser el objetivo fundamental de su aprendizaje, lejos de lo que la realidad demuestra.

Las metodologías tradicionales no ayudan mucho en nuestros objetivos primordiales de conseguir que los alumnos acaben la etapa obligatoria de Secundaria con un nivel hablado y escrito adecuado. Al menos que el profesor sea capaz de crear un interés en los estudiantes, no puede esperar los resultados deseados. La experiencia me ha enseñado que un profesor enseña, pero un buen profesor crea.

Si queremos aulas activas debemos superar los viejos métodos y aprovechar la tendencia natural de los jóvenes a expresar sus sentimientos. Aquí debe empezar nuestro cambio. Los profesores nos quejamos de falta de interés en nuestras clases. El problema principal es la falta de creatividad.

La metodología creativa lleva consigo las siguientes características:
- pensar y actuar con imaginación
- actitud imaginativa, pero con un objetivo concreto
- generar actividades, procesos, situaciones originales, que tengan valor con relación al objetivo planteado.

Definitivamente, la imaginación es la clave de la creatividad. Los profesores creativos son imaginativos y dirigen su actividad al logro de un objetivo. También son originales, es decir, ayudan a sus alumnos con ideas nuevas para ellos. Pero una actividad imaginativa y original sólo es creativa si tiene un objetivo educativo, si ayuda a un mejor aprendizaje. Por ejemplo: queremos enseñar vocabulario nuevo sobre un tema concreto y queremos hacerlo sin recurrir al método tradicional. Si pedimos a los estudiantes que lean tal noticia en tal periódico, muy pocos seguirán nuestra sugerencia. Si el profesor lleva periódicos al aula, los distribuye, hace que trabajen por parejas y que busquen tal o cual expresión, que manejen el diccionario…y que, por fin, presenten su trabajo al resto de la clase, seguramente habrán aprendido las nuevas palabras.

Los objetivos de esta metodología creativa son:
- motivar a los alumnos con actividades originales
- disfrutar aprendiendo
- variar de métodos de enseñanza
- elegir el método más adecuado para cada situación: cómo hacer que los estudiantes lean, hablen…
- mejorar la disciplina en la clase (obviamente, si el interés del alumno aumenta, su predisposición para la disciplina disminuye)
- explotar los libros de texto de una manera creativa

Los alumnos que piensan de manera creativa e independiente se interesan más por describir nuevas ideas por sí mismos, son más abiertos a las nuevas ideas, por lo que sus niveles de autoestima y aprendizaje aumentan.

Presentando a los alumnos contextos variados para que adquieran un amplio abanico de conocimientos y habilidades, hacemos que sean capaces de pensar de una manera creativa y crítica, de resolver sus problemas de la mejor manera posible. Deberíamos ser capaces de darles la oportunidad de hacerse más creativos, innovadores y dueños de su propio futuro como trabajadores y ciudadanos. También deberíamos capacitarles para responder positivamente a los desafíos y responsabilidades.

Utilizando la metodología creativa, los profesores damos a los estudiantes la posibilidad de descubrir y perseguir sus intereses particulares.

Voy a citar una serie de actividades que usan la metodología creativa. Creo que puede ser de interés para el profesorado, especialmente el que se dedica a la enseñanza de un idioma:

- uso del "body language"
- eye contact
- student talk
- taboo en the classroom
- uso de Internet
- make no mistake
- non-verbal communication
- teaching on line
- monitoring speaking
- storytelling
- circle games
- brainstorming
- error correction
- silent grammar
- ………………

Son actividades que los docentes pueden consultar en cualquiera de los manuales dedicados a la metodología creativa. Podría seguir la lista con muchas otras actividades, pero creo que la idea ya está expresada: enseñar utilizando la creatividad y la imaginación.

******

Deberías haberte dedicado a pastorear ovejas, como tu padre y tus abuelos, profe. El rebaño parecía ser tu sino.

Que no se confunda el lector. El rebaño de adolescentes es simplemente una metáfora. Aunque hay alumnos que se dejan llevar como borregos, por fortuna, nuestros jóvenes tienen la capacidad de variar su rumbo o seguir el que les marque su profesor-pastor, con una imaginación, creatividad, que sólo él puede transmitir al rebaño.

17

PROFESOR JUEZ

"Abrid escuelas para cerrar prisiones"
(Victor Hugo)

Hay situaciones que todo profesor quiere evitar, pero el tener que juzgar la conducta inapropiada de un alumno, a veces, es inevitable. Cuando a un alumno se le abre expediente disciplinario, el encargado de instruir el caso y dar un veredicto es un profesor. Nos convertimos en jueces por una simple cuestión de suerte: el profesor instructor se elige en un sorteo entre todos los componentes del claustro de profesores. El "agraciado" debe hablar con todas las partes implicadas en el conflicto: el alumno implicado; los testigos, si los hay; sus padres o tutores y toda persona que pueda aportar claridad al caso. Después de haber acabado con las entrevistas debe dictar sentencia: culpable o inocente. Si el alumno resulta culpable es castigado de acuerdo a

93

las normas del Reglamento de Régimen Interno del centro.

En mis más de 30 años de docencia he tenido que actuar como juez en 4 casos. Voy a transcribir la declaración de una alumna expedientada para que el lector tenga una idea de lo que puede ocurrir en una clase de Secundaria:

"El día 14 de diciembre, a 6ª hora, durante la clase de Ciencias Sociales, en el aula de 1° ESO. A, mi compañera de clase ----------
----
empezó a insultarme. Me decía gilipollas. Yo le contesté diciéndole que me dejara en paz. Después comenzamos a pelear, nos tiramos del pelo, nos arañamos y nos dimos patadas; ella me golpeó en el cuello. Después de la pelea entre las dos, su prima--
----
la defendió. Eran dos para una. El profesor de clase no pudo separarnos, tampoco las dos profesoras de guardia. Era la segunda vez que nos peleábamos. Pero yo sólo me he defendido de los insultos y los golpes.
Desde el principio de curso me han molestado, tanto las dos compañeras citadas

como --.
Incluso por la calle he recibido insultos de las compañeras.

Con los demás compañeros de clase nunca he tenido problemas, mi relación es normal.

Además, el día 18 de Diciembre alguien me vació una papelera debajo de mi mesa.

El profesor tutor tiene conocimiento de todas estas situaciones desde el principio y ha intentado que cambiáramos con actividades de tutoría.

Quitaré la denuncia que les he puesto en el cuartel de la Guardia Civil si se comprometen a no insultarme y pegarme nunca más, o mejor a no fijarse en mí."

Si me hubieran dicho cuando empecé a trabajar en la enseñanza que, aparte de enseñar, tenía que juzgar no me lo hubiera creído.

A la alumna expedientada le impuse un castigo muy "light": pedir perdón delante de toda la clase a la alumna objeto de sus peleas e insultos y un mes sin recreo, durante el cual tuvo que leerse el libro "Los Santos Inocentes" de Miguel Delibes.

******

Qué difícil es ser justo, profe. Cuando tienes que evaluar conocimientos, además de los exámenes, siempre puedes echar mano del trabajo realizado por el alumno para incrementar su calificación. Pero en el caso de evaluar una conducta, con tantas consideraciones a tener en cuenta, la solución es más complicada.

En el caso que nos has presentado, tienes que reconocer, profe, que fuiste un blando. Esa chica y las otras guerreras deberían haber tenido un castigo mayor: Leer y copiar en su cuaderno las dos partes del Quijote, para aprender a distinguir entre realidad y fantasía, para aprender a afrontar los choques que la vida real les tiene preparados.

18
CLASES MULTIRRACIALES Y MULTICULTURALES

"Educad a los niños. Educadlos en la tolerancia y la solidaridad. Trasmitidles lo más importante que tenemos: la herencia cultural"
(Josefina Aldecoa)

La llegada de inmigrantes a nuestras aulas ha ido aumentando año tras año. Desde el año 2005, cuando realicé un proyecto de investigación sobre este tema, hasta 2010, su número se ha duplicado. En el Instituto donde imparto clase actualmente los alumnos inmigrantes constituyen casi el 20% en las etapas de Secundaria; desgraciadamente, por diversas circunstancias, el porcentaje que consigue llegar al Bachillerato no llega al 5%.

En el año 1979, cuando comencé mi trabajo como profesor, no había ni un solo inmigrante en ninguna de mis clases. Es evidente que la realidad social ha cambiado sustancialmente desde entonces. Estamos asistiendo a una creciente pluralidad sociocultural derivada, en buena medida, de movimientos migratorios. Por su origen, los alumnos tienen que afrontar un choque cultural y es nuestro deber favorecer la integración social del alumno inmigrante, pues el papel de los centros educativos es esencial para su socialización y desarrollo personal. Debemos facilitarles su acceso al aprendizaje de una manera no traumática. Y es en este punto donde la nueva metodología creativa de la que antes he hablado puede desempeñar un papel fundamental. No sólo favorecerá la integración del alumno inmigrante en el aula, sino que aprovechará las diferencias culturales para un mejor conocimiento de una nueva lengua.

El elemento sociocultural es particularmente importante en el aprendizaje de idiomas, porque adquirir una nueva lengua es, en cierto punto, una adquisición de su identidad cultural también. La comunicación es humana, interpersonal, social. Es la herramienta principal de cualquier actividad social y, por lo tanto, del aprendizaje.

Con la metodología creativa, el profesor deja de ser un simple transmisor de conocimientos, somos mediadores de la realidad cultural del aula.

Si no aprovechamos todos los matices culturales que nos presentan los alumnos venidos de fuera de nuestras fronteras, estaremos diciendo adiós a una base principal del aprendizaje, porque enriquecimiento cultural es aprendizaje.

Si continuamente estamos hablando de la necesidad de que los alumnos sean autónomos, que piensen por sí mismos, que sean críticos, los educadores deberíamos pensar en buscar metodologías que ayuden a formar personas creativas, con deseo de participar, con un criterio propio. Si continuamente hablamos del fracaso de la educación, ¿por qué seguir con el conservadurismo metodológico, induciendo al conformismo?

Si la enseñanza tradicional no estimula la iniciativa del alumnado, sólo se limita a dar información y prioriza la memorización, busca que cada persona acumule conocimientos a través de lo que dice el profesor, el pensamiento crítico desaparecerá de nuestras aulas.

En las aulas no hay problemas por la diferencia de razas y culturas; los adolescentes intentan arropar e introducir en su grupo de amigos a los que llegan nuevos. Sí que han aparecido brotes racistas fuera de los centros. Hay quejas de jóvenes sudamericanos que se denominan "Latin kings", cuyos integrantes están en el mundo laboral, que pelean y buscan bronca los fines de semana. Sus contrincantes se denominan "skin heads" o también "nazis" (¿qué sabrán ellos de la barbarie cometida durante el dominio nazi?), jóvenes que han abandonado la enseñanza y que su máxima distracción es pelearse con los "Latin kings". Afortunadamente son minoría.

******

Rumanos, marroquíes, gitanos, sudamericanos…¡Qué posibilidades de enriquecimiento cultural, profe, en tus aulas!

Imagina que cada día, cada uno de tus alumnos aprende una sola palabra en la lengua de todas estas nacionalidades. Imagina una lengua común para todos ellos, que bien pudiera ser el inglés que tú enseñas. Imagina que a lo largo de los años que el alumno pasa por el Instituto acumula tal nivel léxico que puede entender y comunicarse en todas esas lenguas.

Es mucho imaginar, profe. ¡Ojalá que todos pudieran comunicarse aunque sólo fuera en inglés!

19
EN LONDRES CON UN GRUPO DE ADOLESCENTES

"Un niño educado sólo en la escuela es un niño no educado"
(George Santayana)

A todo profesor nos gusta observar el avance de los alumnos. Nada mejor para un profesor de idiomas que observarlo en la práctica diaria. Y aún mejor en la comunicación de la calle. Por este motivo nuestro departamento organiza un viaje a Londres cada curso, coincidiendo con el puente de Carnavales. Pensamos que este viaje, en contra de la opinión de algún compañero de claustro que opina que es un viaje "elitista", es una ocasión única para nuestros estudiantes: en una zona rural es muy inusual que los padres vayan de vacaciones con sus hijos a un país angloparlante; prefieren unos días de descanso en la playa o, simplemente, no tienen costumbre de viajar, y menos al extranjero. También es una ocasión única para nuestros alumnos porque tienen la oportunidad de contar con unos guías inigualables, dicho con toda la modestia posible, sus profesores de inglés, que se han pateado cada rincón de la capital británica en sus innumerables estancias anteriores, y que conocen la forma de actuar de cada uno de sus adolescentes mejor que el mejor guía turístico del mundo. Por otra parte, los viajes organizados en grupo suelen resultar bastante baratos, aprovechando las muchas compañías aéreas de bajo coste que vuelan desde aeropuertos españoles a Londres. En cuanto al alojamiento, siempre elegimos un hotel barato o uno de los muchos albergues juveniles diseminados por la geografía londinense.

Llegado el día de la partida, los nervios, como si fueras un jovenzuelo imberbe, aparecen al observar las caras de asombro de los adolescentes, irradiando miles de preguntas ante lo desconocido. Es la primera vez para muchos de ellos que van a visitar un país extranjero. Los padres te dan los últimos consejos, que cuidad que no se os pierda nadie, que se coman todo lo que les pongan, que castigadlos si se portan mal, que no gasten el dinero en tonterías.

La primera vez que viajas en avión es especial. Casi todos estos alumnos con destino a Londres nos lo demuestran: quieren ocupar asiento al lado de la ventanilla, preguntan sobre el cinturón de seguridad, si pueden levantarse, si se van a marear, si…

El viaje está organizado para realizar actividades aprovechando todos los lugares que visitamos. Los alumnos llevan un "cuaderno de campo" en el que van anotando todo lo que se les pide. Al final del viaje lo entregarán a los profesores y éstos decidirán qué cuaderno es el más y mejor trabajado y le dedicarán un premio simbólico: un libro de lectura en inglés o un CD.

Si visitamos un mercado al aire libre (Portobello, Camden Town…) tienen que preguntar el precio de determinados artículos, hablar con los mercaderes sobre sus mercancías, regatear. Si visitamos el

British Museum deben hacer cualquiera de las actividades organizadas por el propio museo para estudiantes. Si vamos al Hyde Park deben elegir a cuatro paseantes y hacerles una serie de preguntas, como si fueran periodistas que están haciendo un artículo sobre la forma de ser de los londinenses.

Sus actividades nos ocupan todo el día. Por la noche, a descansar. Bueno, esto de descansar es un decir. Los profesores tememos que lleguen las noches de los días de viajes escolares. Los adolescentes piden que se les lleve de marcha, a los pubs, a las discos…, pero son demasiado jóvenes y no les dejarán entrar en los recintos. Convierten el albergue en su pub particular. Hay que cuidar que no compren alcohol en los supermercados, que no lo entren a escondidas a sus dormitorios, que no organicen un botellón comunal, al que invitan a todos los jóvenes de todas las nacionalidades que confluyen en el albergue, una especie de ONU adolescente. Hay que montar guardia. Nos turnamos como soldados en la imaginaria nocturna de los cuarteles. Parece que todo está bajo control…, pero a la mañana siguiente nos enteramos que fulano ha vomitado, que a Pepito han tenido que ducharle con agua fría para espabilarle, que dos de nuestras adolescentes han estado tonteando con unos estudiantes italianos, tan ligones ellos…

Pensamos que nuestros jóvenes son reflejo de nuestra sociedad, cada vez más permisiva en cuanto al consumo de alcohol, a la iniciación sexual a edades cada vez más tempranas. Los padres saben que sus hijos adolescentes consumen alcohol (no todos, por supuesto) los fines de semana. Los padres libran con sus hijos una lucha, perdida de antemano, con sus hijos. Les dicen que tienen que estar a la una, que ojito que no bebas, que no fumes porros…Pero los hijos son una fuente inagotable de ingresos. Les meten por los ojos el alcohol, los porros; se los ofrecen por las esquinas. Piensan que están en una edad en la que tienen que probar de todo, y más si se lo han prohibido.

Es una labor conjunta de profesores, padres y autoridades, la que puede evitar el desastre. Los profesores, educando en la tolerancia cero a estas prácticas; los padres, controlando más a sus hijos; las autoridades, haciendo cumplir las normas sobre el consumo de alcohol por menores de 18 años, cerrando los locales que tengan que cerrar (no sólo bares, también hay supermercados que venden alcohol a menores). En Londres, a los de apariencia adolescente les piden su identificación al entrar en un pub o en una disco. Esto les choca a nuestros jóvenes, acostumbrados como están a comprar a sus anchas en los bares del pueblo.

******

¡Échate un trago, hombre, ya verás que bien te sienta y lo gracioso que te pones!, ¡bébete un vaso de vino para que te hagas un hombre!

Insinuaciones como éstas, profe, las has oído muchas veces en tu entorno. Se repiten en los ambientes familiares de toda nuestra geografía. Los abuelos las dicen sin maldad, pero pueden ser el inicio de una costumbre, que, de tan extendida, no le damos importancia. Del "échate un trago" a las borracheras del fin de semana los adolescentes sólo tienen que dar un paso, el que va de la tradición insensata al uso corriente. Como todos beben, yo tengo que beber para seguir en el grupo

20
UN PUESTO FIJO EN LA ENSEÑANZA PÚBLICA

"Los mejores profesores son aquellos que saben transformarse en puentes, y que invitan a sus discípulos a franquearlos"
(Nikos Kazantzakis)

Las oposiciones a la enseñanza pública ocupan a miles de licenciados cada año. Buscan conseguir un puesto fijo que les colme sus aspiraciones vocacionales o les dé tranquilidad laboral para su futuro. Se enfrentarán a un tribunal, compuesto por cinco profesores y catedráticos de Secundaria, que evaluarán sus aptitudes.

Muchos de los futuros profesores dedican su tiempo (en algunos casos, más de cinco años) a prepararse a conciencia las oposiciones. Me parece una solución desafortunada. Creo que es mejor dedicar el tiempo a buscar trabajo en la enseñanza (sea en un centro público como interino, centro concertado o religioso, academias privadas…). Es en la práctica diaria en el aula como mejor se preparan las oposiciones. Cogiendo la experiencia necesaria al tratar con un grupo de adolescentes es como mejor se demuestra tu preparación para continuar en la enseñanza. Eso es lo que yo hice.

A los 23 años conseguí entrar en un centro público y lo que aprendí en unos años me sirvió para aprobar las oposiciones. Cogí "las tablas" necesarias para enfrentarme al implacable tribunal.

A esto añadí una serie de estancias veraniegas en el Reino Unido para perfeccionar mi fluidez en la lengua inglesa (las oposiciones para profesores de inglés se desarrollan en este idioma). El aprobado llegó cuando mi "puesta en escena" en el aula, mi capacidad para transmitir conocimientos, mi capacidad de atraer la atención del alumno…cuando todas estas variables estuvieron maduras.

Al tribunal hay que enfrentarlo con un aplomo indudable, hay que convencerle que lo que dices transmite y enseña algo a un grupo de adolescentes; incluso debes captar la atención del tribunal con tu "puesta en escena" del tema, porque los miembros del tribunal probablemente estén cansados de oír siempre lo mismo, con los mismos gestos, con el mismo tono de voz, hora tras hora. Hay que tratarlos como si fueran un grupo de adolescentes desmotivados, y plantearles actividades prácticas que les puedan atraer. Hay que ser original y creativo en la parte práctica de la exposición ante el tribunal. En la parte teórica, cuando hay que demostrar que se sabe determinado tema, hay que plantear la exposición como si te dirigieras a un grupo de jóvenes inquietos, explicando cómo lo harías en clase.

Y la forma de hacer todo lo anterior sólo se aprende con la experiencia del aula, cuando ya llevas años enseñando a los adolescentes. De ahí que sea contrario a preparar las oposiciones, bien por tu cuenta, bien en una academia. Es mucho más completa la preparación en el aula.

******

El denostado Plan Bolonia que ha cambiado la estructura de los estudios universitarios en Europa, también representa una oportunidad positiva en relación a la formación de los futuros profesores. Con el nuevo Plan, se enseña a enseñar, se enseña a manejar un grupo de niños o adolescentes, primando la parte de metodología y pedagogía sobre todas las demás ramas.

¡Qué diferencia con la preparación que tú, profe, recibiste: te dieron un título y que te las apañes!

21

PROMESAS CUMPLIDAS

*"Un maestro impresiona para la eternidad
y nunca puede decir cuando termina su
influencia"
(Henry Brooks Adams)*

Finales de Junio de 2000. Viaje en autobús desde San Sebastián a nuestro lugar de origen. Soy responsable, junto a una compañera, de una cuarentena de alumnos de 4º ESO., que han disfrutado de un día de excursión en la ciudad donostiarra. Es una promesa cumplida por mi parte.

Al principio de curso había prometido a mis tutorados que les llevaría de viaje a San Sebastián, a la playa y al Acuario, si eran capaces de pasar el curso sin ninguna amonestación o castigo por parte de sus profesores. Es una promesa que jamás pensé que llegaría a cumplir, dada la composición de mi grupo de tutoría. El curso anterior se

113

habían ganado una fama merecida por su indisciplina y malos resultados en sus estudios. Pero en un año los adolescentes pueden cambiar y madurar de una forma incomprensible. Es la característica principal de la adolescencia: tienen en el grupo su apoyo principal, si alguien del grupo tira de todos por un camino adecuado, todos le siguen y su actitud cambia. Esto ocurrió con mi grupo de 4º ESO. aquel año que iniciaba un nuevo milenio.

El día ha salido soleado y los chavales y chavalas han podido darse un chapuzón en las aguas que bañan la Concha. Por la tarde hemos disfrutado con los tiburones, pirañas…Ha sido un día fantástico en compañía de este grupo de adolescentes que no paran de hacer bromas, que te hacen sentir mucho más joven…

En el viaje de vuelta se ha sentado a mi lado David, un alumno espabilado, inteligente, nervioso, deportista, buen chaval, pero mal estudiante. Me cuenta que se lo ha pasado fenomenal; que le ha encantado la ciudad, y lo que más, la playa; que ha conocido a una chica mientras se remojaba en el agua; que piensa volver a esta ciudad, es más, que piensa venir a estudiar   INEF, si puede conseguir una buena nota en el bachillerato…Le animo a que haga realidad sus deseos y le sugiero que dedique el verano a estudiar las asignaturas suspensas. Me promete que lo hará, aunque lo dudo; es un chaval muy deportista, que piensa más en el tenis, el fútbol, las chicas…que en los libros. Yo le prometo que algún día volveremos a San Sebastián, cualquiera que sea nuestro destino.

Llegó Septiembre y con David se cometió una gran injusticia, según mi punto de vista y el de muchos de sus profesores. Se le hizo repetir curso porque no había entregado unas láminas de dibujo, materia que había suspendido en Junio. No se le permitió pasar a bachillerato.

En la sesión de evaluación expuse que el alumno cumplía con todos los requisitos exigidos para conseguir el título de Educación Secundaria: buena expresión y comprensión oral y escrita, conocimientos mínimos en todas las materias, capacidad para reconocer sus errores, capacidad para mejorar, autonomía para estudiar y, sobre todo, capacidad para estudiar bachillerato. Sólo un despiste y un profesor "hueso" le privaron de ello. No hubo manera de convencerle para que cambiara su calificación, a pesar de mis argumentos y el apoyo de la mayoría del equipo educativo del grupo.

Me conjuré para ayudar en todo lo que pudiera a este alumno. Nunca le comenté este episodio a David, ni siquiera ahora él sabe nada.

Pero los alumnos tienen un sexto sentido y saben qué profesores se preocupan por ellos y cuáles simplemente cumplen con su jornada laboral. David dejó de estudiar por diversas circunstancias, pero nunca se olvidó de mi promesa en San Sebastián. Al cabo de unos años volvimos a encontrarnos. Recibí una llamada suya. Quería saber cómo podía mejorar su inglés. Sentí que era el momento de poner en marcha toda la ayuda que en mi interior le había prometido años antes.

Durante año y medio estuvimos repasando, practicando el inglés que David tenía olvidado, pero latente. Dada su habilidad para asimilar sonidos y nuevas estructuras gramaticales y léxicas, puedo decir, con orgullo, que ahora es capaz de llevar y entender una conversación en inglés.

Por motivos laborales tuvo que marchar de su pueblo y al cabo de unos meses volvió lanzándome un reto: ¿por qué no hacer un blog en castellano e inglés? Lo acepté y nuestro blog sobre ecología y educación es de los más visitados y con mayor "page rank" de su categoría.

En el ejercicio de la enseñanza tenemos la posibilidad de influir en los jóvenes, y éstos te lo agradecen dándote su amistad para toda la vida. A lo largo de mis años tratando con adolescentes he hecho muchos amigos, pero pocos como mi amigo ecologista David.

******

Te olvidas, profe, de muchos otros ex alumnos amigos. Nombra por lo menos a Sergio, amigo inseparable de David. Sí, Sergio, tu emprendedor favorito, que un día os propuso montar una empresa de transporte urgente.

Sergio, intuitivo, inteligente, educado y un lince para los negocios. Os inscribió en un curso que enseñaban a iniciar una empresa. Aquí aprendisteis a hacer un plan de empresa, asesorados por eminentes profesores. Pero la empresa no llegó a buen puerto, porque Sergio y David encontraron trabajo y se olvidaron del negocio. Hoy todavía te comentan que estaríamos forrados si la empresa hubiera culminado.

Tú, profe, estarías dedicado al negocio del transporte y no estarías escribiendo esta especie de memorias anárquicas, sin orden ni concierto.

También deberías acordarte de Alfonso, amigo vuestro, colega de escapadas, de cenas y de cientos de vivencias. Si, de Alfonso, que se quedó prendado del carácter de los irlandeses y de las irlandesas, en vuestro inolvidable viaje a Dublín.

¡Y vale ya! Este no es un libro de agradecimientos, profe.

22
IMPLICACIÓN EN LA LABOR EDUCATIVA

"El educador mediocre habla. El buen educador explica. El educador superior demuestra. El gran educador inspira."
(William Arthur Ward)

Entiendo la enseñanza como un conjunto de actuaciones que van encaminadas a educar al alumno de una forma integral. En esta concepción, no sólo el impartir conocimientos y evaluarlos, junto con todas las tarea burocráticas, deben ser las tareas únicas del profesor de Secundaria. Hay que implicarse en todo tipo de actividades escolares y extraescolares, hay que estar con los padres, hay que ponerse al día en las nuevas tecnologías, en las nuevas técnicas metodológicas, hay que...

Por eso, cuando al principio del curso 1991-92, un grupo de alumnos vino hacia mí solicitando ayuda para preparar algo que les ayudara a financiarse su viaje de estudios, no pude negarme. Esto también forma parte de la enseñanza.

Les propuse crear un grupo de teatro, ensayar una obra dramática y representarla por los pueblos de la comarca y provincia; se cobraría una entrada simbólica al público asistente y con el dinero recaudado podrían pagarse los gastos de su viaje.

De acuerdo con el Departamento de Lengua y Literatura, elegimos una obra muy actual y con personajes jóvenes, "Los 80 son nuestros", de Ana Diosdado. Elegí, de entre los alumnos voluntarios para formar el grupo de teatro, a los que me parecía podían hacer mejor el papel de los personajes de la obra. Los demás voluntarios harían labores de escenografía, iluminación, venta de entradas, propaganda...

La actividad teatral permite a los alumnos más tímidos romper su timidez cuando se enfrentan al público, arropados por sus colegas de escena. Estábamos matando varios pájaros de un tiro: los alumnos podían financiarse su viaje, tenían la oportunidad de romper el miedo a hablar en público, adquirían habilidades de lenguaje corporal en los ensayos, aprendían que trabajar en grupo es esencial, e iban a formar un grupo de amigos para toda la vida.

Los ensayos duraron tres meses. Dedicamos dos horas diarias por las tardes, cinco días en semana. Fue una labor ardua, pero altamente gratificante. Como ejemplo de lo bien que los alumnos acogieron los ensayos y la ilusión que tenían por llegar a estrenar la obra, voy a contar una anécdota: había tres chicos del grupo que formaban parte del equipo de fútbol juvenil, pero preferían asistir a los ensayos que acudir a los entrenamientos futboleros. ¡Verlo para creerlo! El entrenador y el presidente del club de fútbol tomaron cartas en el asunto y se presentaron en el Instituto para hablar conmigo. Llegamos a un consenso: tres días en semana ensayarían la obra de teatro y los otros dos tendrían que entrenar, muy a su pesar.

En diciembre hicimos el estreno en el teatro municipal de un pueblo de unos 300 habitantes. En el público había familiares de los actores, profesores y parte del pueblo. Hubo los fallos típicos del primer día, pero no se notaron demasiado. Fue el comienzo de una treintena de actuaciones por toda la provincia. Cada fin de semana de los tres meses siguientes actuábamos en un pueblo diferente. Días antes de la actuación había que contactar con el alcalde, con el cura del pueblo, con cualquiera que nos prestara su salón municipal o parroquial o lo que fuera para la representación.

Consiguieron costearse el viaje de estudios y la mayoría de ellos siguió formando parte del grupo de teatro, aún incluso acabados los estudios en el Instituto. Durante 6 años, hasta 1997, actuaron por toda la geografía provincial y nacional, participando en certámenes de teatro aficionado, representando cinco obras diferentes.

Y, lo que es más importante, este grupo fue el germen de una pasión por el teatro, que todavía hoy continua en el Instituto. Hay una asignatura optativa en la Secundaria, llamada Taller de Teatro; hay varios grupos de teatro entre el alumnado y el profesorado; los alumnos actúan para recaudar fondos destinados a una ONG. que ayuda al Tercer Mundo. Lo que comenzó como un simple reto, se ha transformado en algo que ha engullido a todos los componentes del Instituto. Es una satisfacción haber aceptado aquel reto, que suponía una implicación personal educativa, más allá de la enseñanza en el aula.

******

Tendrías que seguir dando nombres, profe, no seas desagradecido. ¿Qué me dices de Diego, de Mónica, de Tejero, de Tere, de Luis, de Eva, de Oscar, de Isabel, de Carlos, de Beatriz, de Cristina? Seguro que podrías escribir un libro con todas vuestras anécdotas en aquellos años. Pero no sigas, que cuando te pones a hablar de tu grupo de teatro, resultas un poco pelma.

23
¿ME SIENTO REALIZADO COMO PROFESOR?

*"Los que son capaces, crean; los que no
son capaces, enseñan"
(G.B. Shaw)*

Navidad de 2005. Paso dos noches en vela; cuando me meto en la cama tengo que levantarme, porque me ahogo. No tengo ni idea qué es lo que me pasa. A la tercera noche duermo sin problemas y me olvido del episodio.

Febrero de 2006. Otra noche en vela. Empiezan a preocuparme las sensaciones de ahogo que experimento. Al día siguiente voy al médico de cabecera y me dice que son síntomas de ansiedad, que puede desembocar en depresión. Se me hacen análisis de todo tipo, electrocardiogramas, radiologías… Todo mi físico está bien, lo que me falla es la mente.

¿Qué me pasa? ¿Por qué? Si no tengo ningún problema, ni personal, ni laboral, ni sentimental, ni familiar…,¿por qué esta ansiedad?, ¿será la monotonía de treinta años haciendo lo mismo?, ¿será que mi vocación por la enseñanza es un mero espejismo?

El médico me receta un antidepresivo y al cabo de mes y medio mi situación anímica se estabiliza. Afortunadamente no tuve necesidad de una baja médica y realicé mi trabajo en el Instituto con normalidad. Sin embargo, este episodio de ansiedad me hace pensar en mi condición de profesor. ¿Verdaderamente me está dando satisfacciones este trabajo?. ¿Están tan unidas mi vida y mi profesión, que el hastío por esta última puede hacer peligrar toda mi existencia?

Si tuviera que hacer un balance de mis momentos positivos y negativos en el ejercicio de la enseñanza, ganarían por goleada los primeros. Lo que ocurre es que los años no perdonan. Cada vez te ves más viejo, con menos ilusión para afrontar y enfrentarte a unos jóvenes que ya no consideras de tu generación, que tienen una forma de vivir, de ser, de comportarse tan distinta de las primeras generaciones a las que enseñé…que la distancia, el alejamiento profesor-alumno se ha hecho insalvable. Tendré que cambiar de objetivos, tendré que ser creativo… Esta última idea de la creatividad es la que me está manteniendo a flote en los últimos cursos. Si los alumnos son diferentes, si tú has cambiado, habrá que crear un nuevo escenario. Habrá que acudir a clase con una nueva mentalidad, con una nueva metodología creativa, que tenga en cuenta todas las potencialidades de mis alumnos. No bastará con los libros de texto, con las actividades repetitivas, con las prácticas tradicionales de las habilidades del "speaking" o "listening". Utilizaré actividades creativas.

Ya he mencionado alguna de ellas anteriormente. Las siguientes me han dado excelentes resultados en cuanto a la participación e interés del alumno:

- Writing á la carte: al comienzo de una actividad de expresión escrita miro a mis alumnos y veo que cada estudiante puede tener una diferente posición e interés por un tema. Si se trata de escribir una carta, no les obligo a que escriban sobre un tema determinado, les sugiero una serie de temas y ellos eligen, según su interés.

- True or false ideas/statements: escribo cuatro frases en la pizarra y los alumnos discuten cuál es falsa o no; preguntan al profesor, que les da pistas...El tema puede variar, desde frases sobre la vida de alguien, sobre el mismo profesor...Lo importante es que utilicen el inglés en el aula.
- Escenificación de pequeñas piezas teatrales. Cada una de ellas no tiene que superar los diez minutos de duración. Los alumnos aprenden los diálogos, los escenifican. Al final hacemos un "dialogue journal", donde los estudiantes dan sus observaciones, ideas, emociones, pensamientos, sobre lo que han aprendido. El profesor les corrige la pronunciación especialmente.

Estas son algunas prácticas creativas que uso con éxito en mis clases.

Esta nueva metodología me ha dado "alas" para levantarme de la rutina en la que había caído. De sentirme frustrado por la práctica monótona de tantos cursos, he pasado a sentirme plenamente realizado y siento que mis alumnos están más motivados en clase y creo (quizás sea un sentimiento demasiado subjetivo) que aprenden más.

En cuanto a los ataques de ansiedad, desgraciadamente aparecen de vez en cuando, sin que todavía haya encontrado un porqué. Tal vez los profesores seamos más sensibles a la depresión y la ansiedad por nuestra razón de ser: hacemos nuestras las preocupaciones de decenas de adolescentes cada curso, y llega un momento que tal cúmulo de preocupaciones nos desborda. Sólo es una suposición.

******

Has escrito, profe, que te sientes plenamente realizado en tu labor educativa. ¿No será un mero espejismo, una vana ilusión, una sensación pasajera?.

Sólo al final de este camino que emprendiste con 23 años sabrás a qué meta has llegado, y mirando la senda recorrida y todo lo dejado atrás, podrás decir si ha merecido la pena semejante caminata.

24
"MEA CULPA"

*"Por la ignorancia nos equivocamos, y
por las equivocaciones aprendemos"
(Proverbio romano)*

Con la experiencia acumulada, volviendo la vista atrás y observando todo lo sucedido, hay situaciones que evitaría, que si pudiera las borraría de mi currículo. Pero ya quedarán para siempre en mi hoja vital y laboral. De todas ellas me arrepiento.

- Me arrepiento de haber chillado en clase a mis alumnos
- Me arrepiento de haber castigado la indisciplina en clase con exámenes más difíciles para todos.
- Me arrepiento de haber expulsado a un alumno sin antes haber escuchado sus disculpas.

- Me arrepiento de hacer pagar a justos por pecadores
- Me arrepiento de no compartir todas las preocupaciones por mis alumnos con sus padres.
- Me arrepiento de no hacer de la educación un hecho global, de no compartir mis objetivos con el resto de compañeros e incluso con los alumnos y padres.
- Me arrepiento de instalarme en el enfado en muchas ocasiones.
- Me arrepiento de no dedicar el tiempo suficiente al análisis de los problemas en el aula.
- Me arrepiento de echar la culpa a situaciones externas al devenir de la clase: que si hay muchos alumnos por aula, que si los sindicatos no ayudan, que si los políticos no hacen sino cambiar las leyes continuamente sin darnos tiempo a adaptarnos, que si…

Todo este arrepentimiento es fruto de una constatación "a pié de aula". Creo que somos mejores profesores si

- nos dirigimos a los alumnos de forma pausada, sin chillarles
- evitamos los castigos en forma de "exámenes sorpresa". Un castigo nunca solucionará un problema grupal, lo agravará si no dialogamos con los alumnos rebeldes y les hacemos ver que su rebeldía e indisciplina no tienen lugar en su proceso de aprendizaje. Los adolescentes son rebeldes por naturaleza, pero hay rebeldías que no justifican nada.
- hacemos partícipes a compañeros y padres de nuestras preocupaciones
- llevamos al aula momentos de alegría no de enfado. Una clase es más participativa si el profesor consigue contagiar la alegría por el trabajo
- analizamos los problemas con la habilidad y el tiempo necesarios para encontrar una solución adecuada
- asumimos nuestra responsabilidad de líderes en el aula, desoyendo todas las circunstancias externas, que no tienen nada que ver con el desarrollo y aprendizaje de un grupo determinado.

Estos consejos son difíciles de asumir, pero merece la pena el esfuerzo. La satisfacción por tomar las riendas y sacar adelante los problemas supera todos los inconvenientes.

******

Profe, deberías arrepentirte de no dedicar más tiempo a los tuyos, a tu familia, que pareciera que los tuyos sólo son tus alumnos y ex alumnos.

25
URGE UN CAMBIO EDUCATIVO

"Es de rigurosa justicia emancipar la enseñanza de todo extraño poder, y convertirla en una función social, sin otra ley que la libre indagación y profesión de la verdad"
(Nicolás Salmerón)

Los tiempos han traído nuevos aires a nuestras aulas. Los chicos y chicas de hoy llegan a la pubertad antes; los alumnos de hoy llegan a Secundaria con 11-12 años y conviven con alumnos más desarrollados física y mentalmente; los chicos y chicas de hoy lo tienen todo en casa; los alumnos de hoy se esfuerzan menos. Pero, ¿tienen ellos la culpa de este último cambio? La respuesta es negativa para gran parte de ellos.

Si pueden pasar al curso siguiente con dos o tres asignaturas suspensas, ¿para qué esforzarse más de la cuenta? Si pueden titular con dos o tres asignaturas suspensas, ¿para qué trabajar en las dos materias que no les gustan? La respuesta lógica que recibirían podría ser: "porque el saber no ocupa lugar; porque lo importante en esta etapa es formarte para el día del mañana". Los profesores añadiríamos: para prepararte bien de cara a los estudios de bachillerato y estudios superiores. Pero los adolescentes, a los que se les obliga a permanecer en el centro educativo hasta los 16 años, no lo entienden así.

Si hiciéramos un balance de la educación que reciben nuestros jóvenes, gran parte de los que nos dedicamos a la enseñanza y los ajenos a ella diríamos que es negativo. Creemos que en los centros educativos es donde se decide el futuro de un país y deberíamos preguntarnos por qué hay actualmente tal retraso educativo. Es una enfermedad contagiosa la que padece la educación, que se ha ido extendiendo y agravando cada vez que ha habido una reforma educativa. No se entiende por qué se ha rebajado el nivel de conocimientos, que ha llevado consigo una bajada del nivel de trabajo e interés por parte de los alumnos y de exigencia por parte de los profesores. Se ha puesto el nivel tan bajo que el fracaso ya es una realidad en la etapa de Educación Primaria, donde uno de cada tres niños acaba sin saber leer. El fracaso llega a la ESO. y de ahí al bachillerato...y a la Universidad. ¿Qué futuros profesionales tendremos?

Si a esto añadimos la indisciplina en el aula y el desprecio al profesor, la situación es insostenible.

La extensión de la edad de escolarización obligatoria hasta los 16 años, lejos de ser igualitaria en lo social, ha traído más desigualdades, pues los problemas apuntados antes aparecen más en la escuela pública; la enseñanza concertada parece tener un derecho de admisión de alumnos y esto les sirve para evitarse muchos problemas de indisciplina, sobre todo.

En cuanto a los padres, su actitud protectora no beneficia nada a sus hijos. Aquellos deben hacer ver a éstos que la vida no es un jardín de rosas, que un esfuerzo añadido en su aprendizaje les servirá para salir adelante en este mundo tan competitivo.

Los profesores deben ser el motor del cambio necesario. Pero si no se les tiene en cuenta, toda reforma será inútil. Resulta urgente tomar medidas correctivas ya desde Primaria y es el profesor el que las debe llevar a cabo.

¿Por qué no confiar en ellos a la hora de confeccionar reformas? Si no se les da la suficiente confianza, la solución no llegará a nuestras aulas.

******

Los jóvenes de hoy, tú bien lo sabes, profe, aspiran al dinero fácil, quieren tomar sin dar nada a cambio, volar sin haber aprendido antes a caminar. Están superprotegidos y esto no es bueno. Dicen palabrotas, se enfrentan a sus padres, faltan al respeto a los ancianos. Parece que no están integrados en el mundo que los rodea. Necesitan que se les reconduzca.

Por todo ello, profe, hace falta un cambio en vuestros métodos de educación y urge un encuentro de diálogo con los padres.

Vosotros, padres y profesores, sois los que deben conducir el cambio.

26

REFLEXIONES EN PEQUEÑAS DOSIS

"Para los tiempos que vienen, no soy el maestro que debéis elegir, porque de mí sólo aprenderéis lo que tal vez os convenga ignorar toda la vida; a desconfiar de vosotros mismos"
(Antonio Machado)

1) Cuando se empieza en la labor educativa las ganas por "comerte el mundo", cambiarlo, te llenan todos tus momentos. En mi caso, eran los primeros años de una democracia incipiente y lo que más me interesaba era la participación del alumno en clase, que el alumno tomara la palabra, fuera partícipe de su proceso educativo…Cuando se llega al ocaso, cansado de tantas luchas, estás buscando una jubilación, que parece nunca llegará, aunque en el fondo sabes que después tu vida

sufrirá la pérdida del contacto con la juventud, nunca mejor dicho de ella "divino tesoro".

2) "Lleváis mil años estudiando inglés y no sabéis decir ni YES". Es la frase típica que utilizo cuando mis alumnos me demuestran una falta de conocimientos intolerable. Quizás sea hiperbólica, pero no le falta razón. Los chavales de hoy estudian inglés desde los cuatro o cinco años y llegan a Secundaria con un nivel cero. Acaban la etapa obligatoria muchos de ellos sin ser capaces de expresarse lo más mínimo en inglés. "Esto mi gato lo borda" es otra de las frases que utilizo cuando los alumnos se quejan por la dificultad de una tarea casi siempre relacionada con la expresión oral o escrita. No tengo gato en casa; en la infancia había una gata que seguía las conversaciones de la familia como si entendiera todo lo que hablábamos. Quizás mi subconsciente ha asociado la idea de la gata concentrada de mi niñez con la dispersión de mis alumnos.

3) Chuchi, un alumno simpático y extrovertido, de 16 años, me soltó un día en una conversación de patio: "pareces bueno, pero cuando te enfadas, temblamos". El carácter de un profesor influye en la materia. Esto es indudable. Mi apariencia bonachona me hace más cercano al alumno y le infunde confianza, algo que es bueno para el aprendizaje, porque así no tendrá reparo en manifestar sus dudas. Lo que no podía imaginarme es que mis alumnos temblaran con mis broncas, de las que me arrepiento.

4) Curso 2009-10. En una clase de 3° de ESO. las chicas sobresalen. Todas tienen de nota media un notable o sobresaliente. Los chicos suspenden cuatro o más asignaturas. Definitivamente "el mundo será de las mujeres". Es una idea que dejé escapar un día delante del grupo. Los chicos me trataron de feminista; las chicas me dijeron que el mundo ya les pertenece. Viendo los resultados, el esfuerzo y el interés de chicos y

chicas, éstas liderarán las empresas del mañana, serán las gobernantes, manejarán el mundo. No me cabe la menor duda. Los chicos sacan sus estudios con resultados satisfactorios en una proporción de 2 a 100. Las chicas, de 7 a 10. No hay color.

5) "Profe, apruébame", oigo por los pasillos del Instituto una y otra vez. El "profe, apruébame" sale de las bocas de los alumnos perezosos que buscan hacer la pelota. Esto último sigue siendo tradición; nada ha cambiado desde mis años de estudiante. No me gustan los alumnos pelotas; los que te presentan trabajos extra para subir nota; los empollones que acumulan teoría, pero son cero en la práctica; los que priorizan el aprobado a su formación. No me gustan los profesores (tengo que decir que son una anécdota) que "enchufan" a estos alumnos pelotas, empollones; los profesores que hacen la vista gorda ante situaciones

problemáticas; los que simplemente cumplen con su jornada laboral.

6) "El que no lee es como el campesino que no siembra", suelo repetir a mis estudiantes, que saben mucho de sembrar y recoger en esta zona rural cerealista y hortelana. Procuro hacer lectura de libros al nivel del grupo, durante media hora semanal. En la lectura está el aprendizaje.

******

La televisión, los móviles, las consolas, los ipods, todos estos artilugios de nueva generación son un atraso para nuestros jóvenes. Abandonan la lectura, profe, y se pasan horas y horas jugando a matar marcianitos, mandando sms a diestro y siniestro, viendo programas basura en los que unos personajillos indecentes proclaman sus infidelidades, pagados por las cadenas televisivas que obtienen con ellos enormes audiencias.

¿A dónde vamos con este panorama? Te lo
voy a decir claro, profe, al aborregamiento.

27
LOS VIAJES DE ESTUDIOS

*"El objeto de la educación es preparar a
los jóvenes para que se eduquen a sí
mismos durante toda su vida"*
(Robert Hutch)

Torremolinos, Abril de 1982. Visitar Andalucía con una cuarentena de adolescentes puede ser una experiencia única e inolvidable. Este viaje lo ha sido. Ha llegado el final y hemos tenido una sorpresa ingrata cuando nos disponíamos a partir del hotel. La directora alemana del hotel nos exige pagar por un desperfecto que no hemos causado. El cristal del ventanal de la terraza de una de las habitaciones de nuestro grupo tiene una raja. Este desperfecto ya existía cuando los alumnos ocuparon la habitación y así se lo hicimos saber en la recepción, pero parece que no nos hicieron el mínimo caso. Resultado: o pagamos las cinco mil pesetas que cuesta el cristal o no nos vamos del hotel.

Mi compañera profesora y yo mismo discutimos con la directora del hotel, le argumentamos que no nos puede culpar por algo que no hemos hecho, que no nos puede retener y que nos vamos. A nuestra discusión se une Manuel, un alumno inteligente y que ya apunta maneras de buen orador. La directora debe estar cabreada por el ruido nocturno causado por el grupo y no se le ha ocurrido mejor manera de hacernos pagar esta falta que con una solución injusta. Manuel, chulo él, le desafía a que si tiene valor nos denuncie a la policía. Los profesores estamos de acuerdo. La directora, fuera de sí, llama a la policía y formula la denuncia en la que nos hace culpables del desperfecto. Nosotros insistimos en nuestra inocencia. La policía nos deja marchar porque nadie puede retenernos en el hotel contra nuestra voluntad.

Lo que había sido un viaje inolvidable por las actividades y buenos momentos pasados, se convirtió en inolvidable por este desafortunado hecho. Habíamos visitado Córdoba, Granada, Sevilla, y nos habíamos zambullido en las aguas del Mediterráneo en Torremolinos. Pero una persona inflexible y vengativa se cruzo en nuestra memoria positiva para convertirla en todo lo contrario.

Al cabo de los meses se nos llamó a declarar en el juzgado, tanto a mi compañera como a mí mismo, por ser los responsables del grupo. El juicio se celebraría en Torremolinos, pero alegamos motivos de trabajo para no asistir, algo lógico por la "tontería" denunciada. Nos asignaron un abogado de oficio para el juicio. El veredicto fue justo. Se le condenaba al hotel no sólo a pagar el cristal sino todos los gastos derivados del juicio.

Pero, ¿y nuestra imagen como responsables del grupo?, ¿no quedó dañada ante los padres?, ¿qué pensarían durante los meses antes del veredicto?

Ser responsable de un grupo de adolescentes en sus viajes suele traer sorpresas inimaginables.

Me había olvidado de Manuel. Ahora es abogado y alcalde de su pueblo. Mis predicciones sobre sus posibilidades se cumplieron.

París, Marzo de 1994. Estamos recorriendo las callejuelas de los artistas pintores del Sacre Coeur. Alguien del grupo nos avisa a los dos profesores responsables que no saben dónde están dos de sus compañeros. A la salida del metro estaban todos. Pero esta pareja de irresponsables ha tenido la ocurrencia de hacer un recorrido subterráneo por la capital francesa.

¡Típico de los adolescentes! No quieren que nadie les controle. Desean ser libres aunque sólo sea por unos minutos y lleven la angustia al resto del grupo.

Estamos en el año 1994 y los teléfonos móviles no son de uso corriente entre los jóvenes todavía. Ya llegará el momento en que la gran mayoría de Institutos los habrá prohibido en sus dependencias, en que se habrán convertido en una herramienta muy útil para sus intenciones: grabar a profesores y alumnos en clase y colgar el video en Internet, mandar mensajes durante las explicaciones del profesor, consultar los mensajes recibidos, ser fuente de "chuletas" para sus exámenes…Vamos, un uso de lo más variado. Pero aquel año, nuestros dos jóvenes desertores no llevaban uno de estos aparatos. ¿Qué hacer?. Calma, mucha calma. Ya aparecerán, pensamos. Pasan dos horas y seguimos sin noticias. A las diez de la noche tenemos un viaje hasta Bruselas y empezamos a ponernos nerviosos. Montamos una expedición de búsqueda. Mi compañero bajará hasta el Pompidou y yo me acercaré al Barrio Latino. Cuando vamos a iniciar la expedición, aparecen los dos fugados con una sonrisa en los labios. Dicen que se han perdido para evitar nuestra bronca. Les informamos que a la llegada al Instituto hablaremos de su "pérdida" y que sea la última vez que desaparecen sin avisar.

A la vuelta del viaje, preferimos "olvidarnos" de este episodio, porque, al fin y al cabo, el viaje ha sido mejor de lo esperado, dada la composición de este grupo de rebeldes.

Londres, Febrero de 2006. Los tres profesores responsables estamos comiendo en uno de los restaurantes de una de las franquicias tan abundantes en la zona de Picadilly Circus. Nuestros adolescentes disfrutan de una hora de "libertad" para comerse esas grasientas hamburguesas de un McDonald. Suena el móvil de una de mis compañeras. Es una chica del grupo que llora y no sabe explicar bien lo que quiere decir de lo nerviosa que está. Por fin conseguimos saber que la policía tiene detenidos a tres de nuestros alumnos en una tienda de ropa de un centro comercial. Calma, ante todo mucha calma; no nos precipitemos al sacar conclusiones que puedan ser erróneas. Pagamos la comida y salimos del restaurante sin acabar las pizzas o lasañas que habíamos pedido. Está diluviando en Londres y en el monumento a Eros de Picadilly nos espera el grupo empapado por el agua y alterado. Están todos menos los tres detenidos. Nos indican el lugar del presunto delito y nos dirigimos a toda velocidad, sin saber qué nos podemos encontrar. La policía británica tiene fama de tener buenas maneras, pero de ser muy tajante. Si les han pillado robando alguna prenda de vestir, o lo que sea, ¡qué Dios les pille confesados! Cuando los tres chicos nos ven llegar sus caras reflejan alivio, pero a la vez pesar. Alivio porque creen tener unos defensores de su causa, y pesar, por la bronca que les espera.

Los dos enormes policías nos cuentan que nuestros chicos han robado dos camisetas y un suéter, que al pasar por la puerta de salida el control de seguridad ha sonado la alarma y eso es señal inequívoca de su robo. Además no tienen los recibos del pago. Nos dicen que los van a denunciar, que deberán pagar lo robado y que esperarán a lo que diga el juez de menores: probablemente condena en un centro para jóvenes o realizar trabajos para la comunidad. Los chicos afirman, entre lloros, que no han robado, que el recibo lo han tirado. Pero ¿y la alarma? No funcionará bien, afirman con una seguridad de técnico en reparaciones de alarmas. Pedimos a los policías que revisen en la caja si se ha efectuado el pago de los artículos. Efectivamente, las dos camisetas las habían pagado, sin embargo deben pagarlas otra vez por haber tirado el resguardo de la compra. No nos lo podemos creer. Pero así funcionan en ciertos países.

Conclusión: es el suéter lo que hizo sonar la alarma. El "propietario" niega haberlo robado. Sugerimos a la policía que revise el sistema de alarmas. Lo hacen. Todo funciona correctamente. El muchacho implicado, después de muchas amenazas por parte de la policía, afirma que el suéter lo ha cambiado por uno que había comprado el día anterior y no le gustaba. Nos dice donde lo ha dejado. Vamos con él, con la policía, al lugar indicado y ahí está el suéter usado, sin etiqueta. El personal de la planta reconoce que ese tipo de suéter no estuvo en venta en su tienda. Resultado: el adolescente tiene razón, pero ha cometido una estupidez. Paga el suéter y todo se acaba.

A día de hoy, todavía no sabemos la verdad del "caso suéter". ¿El primer suéter fue también robado?, ¿o lo habían cambiado por otro, haciendo de esta actividad un juego de adolescentes?

Nuestros jóvenes, a veces, hacen cosas sin pensar en sus consecuencias. Es algo con lo que tenemos que contar. Los adolescentes son unas joyas, pero joyas sin pulir.

******

¿No recuerdas, profe, aquel chaval que se lanzó a la piscina del hotel en la Costa Brava? Se rompió dos dientes y un brazo. La piscina estaba vacía, pero el artista nadador no se había dado cuenta. Hubo que llamar a la ambulancia y pasar la noche en vela en el hospital.

¿Y qué me dices de la chica que se desmayó en los canales de Venecia? Llevaba dos noches sin dormir y dos días sin comer y su cuerpo no pudo más. La ambulancia era un vaporetto que surcó el Gran Canal camino del hospital en el Lido, la tierra firme veneciana.

¡Qué aventura y qué desasosiego, profe!

28
TUTORÍAS

"Para educar a un niño, hace falta toda la
tribu"
(Proverbio africano)

La tutoría es una actividad que no agrada precisamente a la mayoría del profesorado. Sin embargo, a mí me ilusiona. Cuando comento a mis compañeros que quiero ser tutor de un grupo, y si este grupo es de los difíciles, mucho mejor, me dicen que estoy loco, que no sé donde me estoy metiendo, que voy a tener que hacer trabajo extra sin ninguna remuneración...Opino que no les falta razón, pero las compensaciones a nivel de estímulo personal pueden superar todos los problemas de la tutoría. Se tiene la posibilidad de conocer a los alumnos de una manera directa, su personalidad, su carácter, sus ilusiones, sus intereses, sus flaquezas...y su familia. El trato con el alumno de la tutoría es diferente al del resto de las clases. Los consideras tuyos, son tus chicos. Si logras mantener un clima de confianza en el grupo, dentro de los límites de respeto mutuo, el éxito está garantizado. Si consigues que un grupo difícil cambie su rumbo, tu satisfacción profesional es superior a cualquier otra satisfacción.

Para ello hay que contar con todos los profesores del grupo, preguntarles diariamente por sus sensaciones; hablar con los padres de los alumnos conflictivos, buscar soluciones conjuntas; acordar con el equipo directivo las acciones punitivas...

He tenido muchos grupos de los que definimos duros y puedo decir que los castigos, la dureza, han hecho menos mella que el diálogo. Pero hay que mantenerse inflexible en las propuestas. Si les has prometido una excursión por su buen comportamiento, hay que organizar la excursión. Si les has amenazado con llamar a sus padres en caso de mala conducta, hay que hablar con los padres el mismo día. Si no se obra así, nunca se fiarán de ti y no contarás con su respeto.

Si Marcos, de 1° de ESO., dice que quiere plantear una queja en la hora de tutoría, hay que escucharle. Será algo intrascendente, como que Lucas no trae el libro de Lengua a clase y la profe no le dice nada y a los demás sí. Hay que escuchar a Marquitos y decirle que Lucas tiene mucho morro y que sea la última vez que no trae el libro a clase, y también echarle en cara que él es un chivato por airear en público una falta del pobre Lucas.

Los departamentos de orientación planean las actividades de la tutoría en su Plan de Acción Tutorial; no es que no sirvan, es que globalizan un plan para diferentes grupos, cuando cada grupo es un mundo. Prefiero tener mi propio plan de acción tutorial, con permiso de orientación.

En la primera clase de tutoría establecemos entre todos ese plan. Yo les sugiero algunos temas, de acuerdo con lo que creo que pueda interesarles a los chicos de su edad, y los alumnos sugieren los suyos. Si se abordan temas que han suscitado al interés de la clase, es más fácil que la tutoría tenga un resultado positivo. Si se imponen los temas, unas actividades inapropiadas, no es de extrañar el desinterés de los tutorados.

Si te enfrentas a un grupo dividido, con muchos subgrupos en su composición, funcionan muy bien las actividades de dinámica de grupos al principio del curso. Siendo tutor de un grupo de 1º de bachillerato, grupo dividido y enfrentado, intenté apaciguarles con una maniobra que resultó positiva sólo a medias. Los chicos eran guerreros y las chicas se quejaban de sus compañeros, porque, según ellas, no podían atender en clase por culpa de ellos y que éstos no participaban en los trabajos en grupo.

Cuando el profesor entraba en clase se encontraba con las chicas sentadas de dos en dos, en las filas delanteras, y con los chicos, en masa, en la parte de atrás. Les impuse un nuevo orden, obviando sus protestas: todos se sentarían de dos en dos, respetando un orden, que consistía en juntar chico con chica. La jugada salió perfecta porque había el mismo número de chicos que de chicas. Así la anarquía del principio se transformó en un orden "emparejado".

Los chicos ponían cara de circunstancias los primeros días, pero después estaban encantados con su compañía femenina. El silencio era el tono general en el aula. Los chicos son bravucones cuando actúan en grupo, pero ante una chica están más tranquilos. Los profesores consideraron buena esta nueva disposición del grupo.

Aprovechando que hicieron su viaje de estudios a Praga e iban a visitar el campo de concentración nazi en Terezin, proyectamos la película "La lista de Schlinder". La comentamos, hicieron un pequeño trabajo por grupos sobre racismo y tolerancia y les sirvió como preparación para lo que encontrarían semanas después en el gueto judío y campo de exterminio de los nazis en la República Checa.

Hubo una pega en esta maniobra: del nuevo orden en clase surgió el amor en tres parejas. Los chicos bajaron su rendimiento escolar, pero ¡qué demonios!, al fin y al cabo, es lo que se espera de los adolescentes, ¡que se enamoren! Rectifico mi calificación: la maniobra resultó positiva en su totalidad.

******

Los profesores no os sentís cómodos en la hora de tutoría. Tenéis preferencia por la clases, tener todo bajo control, realizar actividades que no os supongan salir de vuestra línea habitual.

En las tutorías, profe, debéis cambiar de chip y eso os resulta incómodo. Pero no olvidéis que la educación no es sólo lanzar conocimientos. Debéis moldear, pulir a los adolescentes.

29
FORMACIÓN SIN FIN

"No se enseña bien lo que no se hace y quien no investiga no enseña a investigar"
(Santiago Ramón y Cajal)

Donde antes había B.U.P. (Bachillerato Unificado y Polivalente), C.O.U. (Curso de Orientación Universitaria) y Selectividad, pizarra y tiza, calificaciones por asignatura; ahora hay E.S.O. (Educación Secundaria Obligatoria), B.H.S. (Bachillerato de Humanidades y Ciencias Sociales), B.C.N. (Bachillerato de Ciencias de la Naturaleza), P.A.U. (Pruebas de Acceso a la Universidad), P.A.E.U. (Pruebas de Acceso a los Estudios Universitarios), T.I.C. (Tecnología de la Información y la Comunicación), L.O.G.S.E. (Ley Orgánica General del Sistema Educativo), L.O.D.E. (Ley Orgánica de Educación), R.R.I. (Reglamento de Régimen Interno), C.C.P. (Comisión de Coordinación Pedagógica), pizarra digital, portátil, Windows, power point, winzip, calificaciones de cada materia por conocimientos, actitudes y procedimientos, por competencias (lo más novedoso).

Podríamos llenar un libro entero explicando cada una de las nuevas apariciones en la escena educativa. Los profesores de antaño nos hemos tenido que amoldar a los nuevos tiempos de la enseñanza. Y rápido. Hemos tenido que combinar nuestro trabajo de enseñar con la necesidad de aprender las novedades legales y tecnológicas. Hemos tenido que reunirnos, que abandonar determinados postulados tradicionales, que cambiar nuestra forma de enseñar y de evaluar.

Los cursos de formación llenan muchas de nuestras tardes y ratos libres, incluso parte de nuestras vacaciones de verano.

Recuerdo mis cursos sobre
- tutoría
- iniciación a la informática
- uso de Internet en el aula
- actividades de inglés para el aula

- S.I.D.A. (en la época que apareció esta enfermedad fue necesario aprender la forma de contagio y características del V.I.H. para transmitir nuestro aprendizaje al alumno)
- Dieta mediterránea y salud (de importancia por la falta de formación en este campo en la gran mayoría de nuestras familias)
- Planes de mejora en el centro (disciplina, convivencia, TIC…)
- "Creative methodology in the classroom" (al que ya me he referido y he comentado alguna de las actividades que aplican este tipo de metodología)
- "Refreshing course for teachers of English as a foreign language"

Estos dos últimos tuvieron lugar en Canterbury y Edimburgo, en los meses de agosto de 1999 y 2005.

Son alguno de los cursos a los que he asistido. He obviado algunos y no recuerdo muchos otros. Los profesores tenemos que acreditar un mínimo de 100 horas de formación en un periodo de seis años, si queremos percibir un plus en nuestra nómina. Todos cumplimos con este requisito y aún podría añadir, sin miedo a equivocarme, que la gran mayoría de compañeros duplican el mínimo de horas de formación continuada exigidas. Sin contar con el número de horas dedicadas a reuniones de Claustro y departamentos didácticos que tuvimos que realizar para llevar a cabo cada una de las reformas educativas, llegadas con cada cambio de ciclo gubernamental.

Los políticos plantean las reformas, las teorizan, y somos los profesores los que tenemos que llevarlas a la práctica, sin haber sido los motores, los actores principales de las reformas en su fase inicial teórica.

******

La mejor formación, profe, la encuentras en el aula. Los alumnos son fuente de aprendizaje continuo. De cada uno de ellos aprendes. Por su comportamiento, por sus reacciones, por su manera de asimilar tus explicaciones, por sus gestos, por sus desplantes.

30
POLITICA EN EL AULA

*"La educación con ideas inertes no sólo es
inútil, es sobre todo dañina"*
(Alfred North Whitehead)

Febrero de 1991. La OTAN, urgida por los EE.UU., preocupados por controlar la producción de petróleo de la zona, está a punto de invadir Irak con la excusa de echar a los iraquíes de territorio kuwaití. Un grupo de profesores, al igual que hace la mayoría de ciudadanos en todo el país, estamos en contra de esta guerra (la 1ª Guerra del Golfo) y a favor de la paz. En todo el territorio nacional se suceden manifestaciones en contra de la invasión. En el pueblo donde trabajamos este grupo de profesores nos planteamos organizar una gran manifestación en la Plaza Mayor. Sería la primera en toda la historia del pueblo. Los sindicatos de la enseñanza han convocado paros parciales y huelga general en los centros públicos. Parece que los sindicatos de antes se preocupaban de algo más que el salario de sus sindicados. Ahora están más sumisos al devenir político.

Aprovechamos los paros y el día de huelga para preparar la gran manifestación. Hacemos actividades de información a los diversos grupos, preparamos pancartas, redactamos un manifiesto, solicitamos los permisos necesarios a las autoridades...Todo ello sin el beneplácito del director del Instituto, quien, seguramente aleccionado por sus superiores, nos informa que nuestra función no es hacer política en el Instituto.

Seguimos adelante con la manifestación, porque creemos que hacer propaganda de la paz, inculcar este sentimiento a nuestros alumnos sí es nuestra función; y tenemos el derecho a manifestarnos, conforme avala nuestra Constitución.

Recuerdo que el departamento de inglés contaba con una ayudante, o lectora como así le llamábamos, de origen norteamericano, que hacía sus prácticas en nuestro Instituto. La chica se pasaba los días pensativa, triste, escuchando y leyendo todas las noticias sobre la guerra. Nos enteramos que su hermano había embarcado en uno de los portaviones que se dirigían al Golfo Pérsico.

Llegó el día de la manifestación. Los alumnos en su totalidad formaban parte de la misma. Encabezando la marcha colocamos una pancarta con la palabra "Paz". Salimos del Instituto hacia la Plaza Mayor. Por el camino se fueron uniendo gentes de la más diversa condición y edad. Al final, podemos decir, que formamos la primera y más numerosa manifestación jamás celebrada en aquel pueblo.

Como complemento a nuestras protestas, organizamos coloquios a los que invitamos a antiguos combatientes en nuestra triste Guerra Civil. Recuerdo que uno de ellos, con la mirada fija en los jóvenes y dando muestras de una sensatez envidiable dijo: "En las guerras, hasta el vencedor, pierde".

En mi grupo de tutoría hablamos de esta guerra, de sus orígenes, sus posibles consecuencias, de paz, de hipocresías que confunden guerras con intereses comerciales...Uno de mis tutorados propuso poner una pancarta en clase con las palabras NO A LA GUERRA. Todos aceptamos la propuesta. Al día siguiente colgaba de una de las paredes de la clase. Enterado el director del centro, me mandó llamar a su despacho. Me reprochó mi actitud y me insinuó que debería quitar la pancarta. Mi respuesta fue seca: no podía ir en contra de la voluntad de un grupo de alumnos que se había manifestado en contra de la guerra. Me volvió a contestar que un profesor no puede hacer política en clase. Le dije que no era hacer política, sino encaminar a los adolescentes por el sendero loable de la paz, y que si quería quitarla, debía ir al aula y hacerme quitar la pancarta delante de todo el grupo. Pasaron los días y nada sucedió. La pancarta permaneció colgada en la pared hasta que la guerra llegó a su final.

Hoy sigo pensando que no hicimos política aquellos días, simplemente educábamos a nuestros alumnos en la no violencia, uno de los temas transversales tan en boga en la Reforma educativa de aquellos tiempos.

******

Deberían implantar una asignatura obligatoria en la Secundaria, que enseñara a los adolescentes a despreciar las actitudes belicistas. Podría bien llamarse, profe, Taller para la Paz.

Y de paso, deberían prohibir la enseñanza de cualquier religión en un centro de enseñanza pública. Para eso están los centros religiosos: las iglesias, las mezquitas, las sinagogas… La historia nos ha demostrado que la defensa de la religión sólo ha traído guerras a la humanidad.

31
BROMAS EN CLASE

"Si domas a un caballo con gritos, no esperes que te obedezca cuando le hables"
(Dagobert D. Runes)

"Tonterías, las justas. No quiero ningún tipo de bromas". Es algo que he oído en muchas situaciones "serias", en mis momentos de estudiante entre curas. Demuestra intransigencia y falta de conocimiento de la adolescencia.

Las bromas, las gracias…forman parte de la manera de expresarse de nuestros adolescentes. Hay que ser tolerante con ellos.

Una compañera contaba hace unos días en la Sala de Profesores una conversación que tuvo con un alumno de 3º de ESO.:

- Alberto, ¿en qué estás pensando que no haces lo que todos tus compañeros?
- En chicas, mi cabeza está llena de chicas, chicas, chicas…
- Pues déjalas para otro momento. Ahora tienes que hacer tu tarea.
- No me dejan, profe. Vd. ¿está casada?
- Sí, y tengo dos niños pequeños
- Pues de joven tuvo que ser muy guapa (Alberto dijo otras palabras). Lástima que no tenga mi edad, que si no…
- ¡A trabajar, Alberto!

La profesora contaba esta experiencia con nostalgia, con cariño, sabiendo que los catorce, quince años no vuelven nunca, que es una etapa conflictiva, pero maravillosa. En ningún momento habló de enfado con el chico protagonista, a pesar del jolgorio que se montó en el aula. Se tomó las palabras de su alumno como un halago, como una de tantas bromas que los adolescentes hacen con los profesores en los que tienen más confianza.

La compañera supo reconducir la situación y la clase volvió a su trabajo, a la normalidad. Supo tener "una buena mano": a los chavales hay que darles libertad, pero a la vez, atarlos a una larga cuerda. Cuando la estiran demasiado, es el momento de tirar de ellos y reconducirles por donde queremos.

Fui protagonista de una simpática broma por parte de un grupo de 1º de ESO., del que era tutor. Los chicos de este curso tienen 11 ó 12 años; están en un momento de pre adolescencia, pero siguen siendo niños. La broma así me lo hizo ver:

Llegue al aula y todo estaba oscuro, con las luces apagadas y las persianas bajadas. Por un momento pensé que me había equivocado de clase, pero oí un murmullo apenas perceptible que venía de un rincón. Son ellos, pensé. Me hice el despistado y abandoné el aula, diciendo en voz alta que me parecía raro, que dónde podrían estar…Sabía que no tardarían en acabar el juego. Al minuto apareció uno de los chicos y dijo que ya estaban todos en clases, que por qué llegaba tarde. Les seguí el juego, pero sus sonrisas de pícaros les delataron más que mi presunto despiste.

Situaciones relajantes como éstas hacen de la enseñanza algo único y hay que contar con su efecto motivador para el grupo. Si eres capaz de meterte en sus juegos, serás capaz de aprovechar su confianza para plantearles "tus juegos": mayor implicación en las tareas diarias, mayor concentración hacia tus explicaciones, mejora en las relaciones profesor-alumno.

Y si algún listillo se pasa, para eso tenemos la cuerda imaginaria.

******

Hay días, profe, que no estás para bromas, que pegarías un buen tortazo al que no te deja continuar con tu explicación, al que habla y encima dice que él está callado, al que se levanta sin permiso, al que da un portazo…

Pero se supone que debes tener más paciencia que el Santo Job, aguantar hasta lo inaguantable, entender lo ininteligible, poner cara agradable en una situación áspera, controlar lo incontrolable…

Que tienes que ser la perfección, el espejo para tus chavales…No te enfades, profe, pero tienes que intentarlo.

32
LOS PADRES DEBEN Y PUEDEN

"El mejor legado de un padre a sus hijos es un poco de tiempo cada día"
(Víctor Hugo)

"Mi hijo es un rebelde. No hay quien pueda con él", te cuenta las madres. "Está muy rara. Tan pronto está triste como al rato se pone contenta. No hay quien la entienda", te comentan de su hija.

Son las reacciones típicas de la edad. Que los padres no se preocupen. Estos síntomas se pasan con el tiempo. Lejos de ser un problema pueden ser un acicate para acercarnos más a ellos. La rebeldía, los cambios de humor dejan descolocados a los padres. Tienen dos opciones: intentar hablar con ellos y, si lo consiguen, será toda una victoria; o tomar la nueva situación como algo pasajero, porque no por mucho estar pendientes del hijo adolescente, va a dejar de serlo. La superprotección no es buena. Sería más preocupante si los cambios típicos de la adolescencia influyeran negativamente en su rendimiento escolar.

¿Qué pueden hacer los padres? Estos son mis consejos:

1) No prometer premios a cambio de aprobados. Tienen que hacer saber a sus hijos que tienen el deber de estudiar, como los padres tenéis el deber de trabajar para sacar adelante una familia. Los premios o regalos dejadlos para los cumpleaños o para el Papá Noel o Los Reyes Magos.

2) No estudiar con los hijos como si fuerais un profesor particular. Eso hace a nuestros hijos comodones y no piensan por sí mismos. Deben ellos adquirir las habilidades para trabajar y aprender por su cuenta.

En clase ya les ayudarán en este aspecto. Repito que la superproteccion, el estar pendiente del hijo adolescente como si fuera un niño, tiene efectos secundarios negativos. Muchos padres repasan con sus hijos los deberes. No es buena solución. Sólo en caso de que su hijo solicite vuestra ayuda, intentad ayudarle. Pero no sólo la madre, también el padre, o viceversa. El adolescente ha de ver que puede confiar en los dos.

3) Una buena organización del tiempo de estudio es clave en el rendimiento escolar de vuestros hijos. Debéis marcar, junto con ellos, un horario vespertino, que incluya no sólo tareas de aprendizaje. Un ejemplo:

-Después de comer:

De 16:00 a 17:00 h.: tareas para desconectar con las tareas de la mañana: sus lecturas preferidas, un programa de TV, navegar o chatear por Internet...

De 17:00 a 18:00 h.: hacer los "deberes" para el día siguiente.

De 18:00 a 19:30 h.: quedar con los amigos o realizar una actividad deportiva a social (clase de música), lectura…

De 19:30 a 20:30 h.: repasar cada una de las materias que han cursado durante la mañana.

- Después de cenar:

Ver la TV o una película y a la cama hasta las 7:30 del día siguiente.

Con dos horas de estudio diarias por la tarde, con atender las explicaciones de los profesores por la mañana y realizar las tareas en clase, nuestros alumnos de Secundaria tendrían suficiente para evaluar en positivo. Algunos necesitarán dedicar más tiempo. Pero es esencial dedicar tiempo al deporte, que pude ser con los amigos.

4) El ejemplo anterior es sólo una indicación que puede variar a gusto

de padres e hijos, pero hay una actividad que nunca debería faltar en un buen estudiante: la lectura.

La lectura supone el mejor aprendizaje y es la mejor herramienta para adquirir una buena expresión escrita, algo de lo que adolecen nuestros jóvenes en Secundaria.

Son consejos fáciles de seguir y que ayudarán a padres e hijos en la consecución del fin para el que están planeados: conseguir una buena formación de nuestros adolescentes.

******

Al principio de tu tarea educativa la jornada era de mañana y tarde. Los alumnos traían los deberes hechos a clase. Ahora tienen toda la tarde para ellos, para sus tareas, para sus amigos…y llegan al aula diciéndote, profe, que no han tenido tiempo de hacer lo que les habías mandado repasar. Los adolescentes de hoy se han hecho más

guerreros, por no decir vagos, que los de
ayer, no te quepa la menor duda.

33
...Y SURGIÓ EL AMOR

"La educación es el desarrollo en el hombre de toda la perfección de que su naturaleza es capaz"
(Inmanuel Kant)

"Volver a los 17/ después de vivir un siglo/ es como descifrar siglos/ sin ser sabio competente/ volver a ser de repente/ tan frágil como un segundo/ volver a sentir profundo/ como un niño frente a Dios/ eso es lo que siento yo/ en este instante fecundo..."

Violeta Parra nos cantaba hace muchísimos años y repetían después Mercedes Sosa y Rosa León esta metáfora del anhelo del amor adolescente. Los 17, 16, 15, 14 años son el resurgimiento a un estado que nos deja obnubilados, sin respuesta; un estado novedoso, increíble, maravilloso, y cientos de adjetivos más. Y esto sucede en nuestras aulas.

En las aulas de 1º de ESO. (11-12 años) los chicos y chicas se insultan, se pegan como hacen los hermanos pequeños en casa; en las de 2º de ESO. (13 años) los chicos se apartan de las chicas, no quieren saber nada de ellas, creen que son unas ñoñas; en las de 3º de ESO. (14 años) los chicos miran sonrojados a las chicas y éstas les comprometen; en las de 4º de ESO. (15-16 años) aparecen las primeras señales de enamoramiento: un chico que no puede dejar de mirar a una chica; una chica que no puede disimular su locura por un chico. ¿Cómo van a estar escuchando al profesor, concentrados como están en su evolución hormonal?

Los profesores tenemos la obligación de tener en cuenta estas situaciones. Echar en cara a un alumno que tiene "la edad del pavo" es como si el alumno nos dijera que "somos personas maduras". Mejor es aprovechar esta nueva situación para plantear actividades más acorde a sus gustos. En las clases de inglés intentamos acercar al alumno a formas de vida adolescente en otras partes del mundo: cómo se comportan los adolescentes en Australia, EE.UU., Reino Unido, Irlanda…, cómo se divierten, cuáles son sus hábitos. Lo hacemos a través de textos o imágenes. Internet es una herramienta muy útil para presentar la realidad adolescente, sus gustos, su forma de vestir, su educación…

La primera reacción del alumno ante cualquier novedad que les planteas será decir que vaya tontería, pero con el tiempo las aceptarán y les parecerán enriquecedoras, no sólo a nivel de aprendizaje del idioma, sino también a nivel personal.

Se trata de adecuar los libros de texto a la realidad de la clase, complementándolos, enriqueciéndolos con actividades creativas. Si no conseguimos que los alumnos tengan una conversación en inglés, rétales a que lean tal artículo sobre cómo visten los chicos de 16 años en Inglaterra, o anímales a que sigan un reportaje en imágenes sobre cómo se divierten los chicos irlandeses (son ejemplos que nos demuestran las posibilidades que nos da Internet para el aula).

Estas actividades pueden ser la base para revisar estructuras gramaticales y léxicas. De esta forma habremos conseguido dos objetivos, interesar al alumno en la actividad y hacerle aprender gramática y vocabulario. La tarea final bien podría ser una pequeña exposición individual, o un diálogo en el que den sus puntos de vista o comparen la realidad de otros adolescentes con la suya propia.

******

Qué envidia, profe, qué nostalgia, cómo pasa el tiempo, cómo se marchitan los cuerpos. Y más palpable te resulta cuando delante tienes una primavera constante en tu aula.

34
LO QUE NO SE ESPERA DE UN PROFESOR

"El maestro que intenta enseñar sin inspirar en el alumno el deseo de aprender está tratando de forjar un hierro frío"
(Horace Mann)

Hay mucho que dejar atrás si queremos llegar a ser profesores "10". De acuerdo con las opiniones de los alumnos, expresadas en multitud de encuestas, esto es lo que no esperan de sus profesores:

1. Que hablen demasiado en clase.
   A veces no nos damos cuenta que tanta palabra desconecta al alumno, ya de por sí vulnerable a todo lo que le rodea, a sus propios cambios… No sólo con la palabra se explica.

2. Que les guste su situación de mando.

"Aquí el que manda soy yo…Lo digo yo y punto", es algo que nuestros alumnos nunca deberían oír en el aula. Un profesor autoritario pone una barrera infranqueable entre el mismo y el alumno, y esto no es bueno para el aprendizaje, para la motivación extra.

3. Que sean impacientes.
   Antes de dar un grito a la clase hay que serenarse, hay que respirar profundo durante unos segundos y ver la situación creada con esa lupa que sólo los profesores poseemos para lo bueno y lo malo de los actos de los estudiantes.

4. Que lleguen tarde a clase.
   Hay que exigir puntualidad a los alumnos, pero también a los profesores. Aquellos no entienden que un profesor, al que ven como paradigma de buena conducta, impulsor de normas, sea el primero en incumplirlas.

5. Que les hagan sentir inferiores

Las reprimendas a un alumno deberían ser en privado, nunca delante del grupo. No hay ninguna razón para ridiculizar a un alumno.

6. Que sean monótonos.

Hay que ser creativos en el aula, hay que variar de actividades, hay que combinar tareas difíciles con otras más asequibles o de interés para el alumno.

7. Que no tengan imaginación.

Que se limiten al libro de texto, sin adaptarlo a su clase, a su mundo, creando tareas apropiadas al grupo.

8. Que sean sarcásticos.

La ironía, con tintes de desprecio, está entre las actitudes más odiadas por parte del alumno. Prefieren profesores que se muestren tal y como son, directos.

9. Que sean demasiado estrictos.

Los profesores deben hacer cumplir las normas establecidas, pero sabiendo que muchas de ellas pueden interpretarse según las situaciones. Con los adolescentes se consigue más con el perdón que con el castigo, pero hay que hacerles saber que tenemos la autoridad y que la aplicaremos.

10. Que sean injustos, que tengan "enchufados", que tengan más consideración por los empollones.
Esto último podría ser discutido con los alumnos, porque lo que nosotros llamamos "alumnos trabajadores", ellos es fácil que lo confundan con "empollones". Pero a pesar de estas críticas debemos tener en cuenta el trabajo en el aula por encima de todo.

11. Que sean arrogantes.
Que miren por encima del hombro, que digan "yo a vuestros años ya…".

******

Sería interesante, profe, conocer vuestra opinión acerca de cómo queréis que fueran vuestros alumnos.

Pondríais en primer lugar, seguramente, su actitud en el aula. Si fueran capaces de tener un comportamiento educado, sería suficiente para vuestras expectativas.

35
LO QUE SE ESPERA DE UN PROFESOR

"Aquellos que educan bien a los niños
merecen recibir más honores que sus
propios padres, porque aquellos sólo les
dieron vida, éstos el arte de vivir bien"
(Aristóteles)

Si fuera alumno quisiera que mi profesor

- fuera experto en su materia
- fuera estricto, pero justo
- respetara a los alumnos
- criticara nuestros malos hábitos, conducta, trabajo…pero que también alabara nuestras bondades
- se interesara por sus alumnos, y no sólo a nivel académico
- fuera un poco impredecible, fuera de la monotonía; que tanto odiamos; que se mostrara, incluso, un poco excéntrico
- fuera activo, pero sin agobiar

- fuera inteligente, pero no arrogante
- nos transmitiera su interés y amor por su asignatura
- creyera fuertemente en la enorme capacidad que todos nosotros tenemos para aprender
- fuera enérgico, alegre, positivo y transmitiera estos valores a todo el grupo
- se mostrara flexible y responsable
- tuviera una personalidad íntegra; que supiera en todo momento estar en su sitio y que demostrara una honradez ejemplar
- tuviera la habilidad de aceptar e incorporar las enseñanzas, comentarios, experiencias de otros profesores o de los mismos estudiantes
- tuviera la habilidad para organizar nuestro aprendizaje de una forma clara, eficiente y motivadora
- tuviera respeto por sí mismo y por los demás componentes del centro educativo
- tuviera la sensibilidad necesaria para entender nuestro proceso psicológico, como individuos y como grupo

- tuviera capacidades para trasmitir sus conocimientos con una buena precisión en su lenguaje oral y corporal
- comenzara las actividades de clase, explicándolas claramente
- compartiera con sus colegas sus experiencias en el aula

Son las opiniones que he ido recogiendo de mis alumnos a lo largo de estos años. La suma de todas estas capacidades nos llevaría al profesor perfecto. ¿Alguien ha conocido a un profesor que las tenga todas?

******

Y que sean buenos compañeros, profe. ¿No estarás exigiendo demasiado a los tuyos?

Sólo faltaría añadir a esta lista una especie de código de buena conducta, con estos valores fundamentales: amor al trabajo, honradez, intelecto, fuerza de carácter, conocimiento y sentido del deber.

36
LAS SEÑALES DE LA ADOLESCENCIA

"No es una mente, no es un cuerpo lo que educamos, es un hombre, y no debemos hacer dos partes de él"
(Michel de Montaigne)

Nuestras aulas, repletas de adolescentes, emiten signos que tenemos que interpretar. Son como señales de humo que nos lanzan; unas de auxilio; otras de llamada de atención; muchas de aburrimiento o interés…Son señales individuales o de grupo.

Si fulanita bosteza puede ser que no haya dormido bien la noche anterior o que lo que oye y hace no le atrae lo más mínimo. Si todo el grupo bosteza es indudablemente una señal para que el profesor cambie de estrategia. Tiene a toda la clase aburrida. Son ejemplos, cutres si se quiere, de señales de nuestros adolescentes.

Si un alumno está abatido en la tristeza día tras día, una tristeza que llega al límite del sufrimiento, es señal de que en su interior bulle una preocupación que no puede evitar. Puede ser un problema familiar, un problema con el grupo, un desengaño amoroso…

Si un alumno está continuamente haciendo gracias, interrumpiendo la labor del profesor, día sí y día también, quiere llamar la atención del profesor por algún motivo. O bien es un desastre en los estudios, en el deporte…y su única manera de destacar es con sus gracias; o bien es una llamada de atención que tiene otras complicaciones. No debemos olvidar que el adolescente, de por sí, busca destacar en algo, sea bueno o malo; lo que importa es que se fijen en él o ella. Pero si sus gracias son señal de algo difícil de pronosticar, hay que actuar.

Si el grupo lleva días alborotado, si le cuesta mantener el silencio en clase, si el alboroto incluye hasta a los más tranquilos, es que algo está inquietando a todos.

Si componentes del grupo hacen comentarios sobre la problemática de un compañero, es porque la situación ha llegado al límite y están pidiendo al profesor que actúe.

El profesor debería, en todos estos casos, tomar la iniciativa, hablar con el tutor, con el departamento de orientación…y entre todos buscar las soluciones adecuadas.

******

Hay que tener todo el panel de controles activado en el aula, profe. No sirve sólo con explicar, corregir, evaluar…

37
"MI HIJO ES MODELO DE..."

"Es hermoso que los padres lleguen a ser amigos de sus hijos, desvaneciéndoles todo temor, pero inspirándoles un gran respeto"
(Leon Battista Alberti)

...¿modelo de qué?

Manuela, madre de Joaquín, de 3º de ESO., dice que su hijo es modelo de constancia, que se pasa la tarde entera en su habitación y que no se explica los suspensos. Yo le digo que Joaquín es modelo de mala organización. Si su hijo está 6 horas sentado delante del ordenador, o bien está chateando o jugando con la consola, o navegando por quién sabe qué páginas de la red, o bien nos tiene a todos engañados, incluidos los profesores, porque otra cosa no será, pero Joaquín es muy listo.

Laura, madre de Noelia, de 2º de ESO., dice que su hija es modelo de responsabilidad, que ella sólo a lo suyo, a sus libros, sus deberes, sus clases de música las tardes de los lunes y miércoles, sus clases de inglés en la escuela oficial de idiomas los martes y jueves, que no sale como otras niñas de su edad, que le tienen prohibido usar el móvil y el Internet. Yo le digo que Noelia es modelo de tristeza, que está bien que se forme en muchos y variados campos, pero que aún es más importante la formación de su personalidad en un momento en el que se están forjando todas las características que la definirán en el futuro; que debería salir con sus amigos, llamarles, jugar, hacer bromas, divertirse como lo hacen los de su edad.

Amelia, madre de Mario, de 4º de ESO., dice que su hijo es muy respetuoso en casa, que es un modelo en este aspecto, eso sí, ya sabe que si no hace lo que dice su padre…, y que no se explica cómo ha recibido una nota del tutor diciendo que Mario falta al respeto a sus profesores. Yo le digo que su Mario es un modelo no de respeto sino de miedo a la figura paterna, y que se venga, de alguna manera, en clase. Que deberían cambiar la actitud en casa hacia su hijo, ser más dialogantes con él e intentar comprenderle.

Beatriz, madre de Marisol, de 3º de ESO., dice que su hija es ejemplo de solidaridad con sus compañeros, que ayuda en todo, que se pasa las horas en el ordenador hablando con el "mensajero" ese con ellas, resolviéndoles sus dudas, o al menos es lo que Marisol dice, porque me tiene con la mosca tras la oreja, ya que no me parece lógico que si ella es la que ayuda sea la que tenga más suspensos. Yo le digo que su hija usa el "mensajero" para otros fines, no para el aprendizaje. Que la controle.

Son conversaciones que demuestran lo engañados que tienen los hijos a sus padres, que demuestran el hueco tan profundo que hay entre ellos, que les falta comunicación.

******

Los padres, profe, deberían volver a los tiempos en los que la TV no era el centro de atención de la familia. Deberían sentarse con sus hijos durante las horas de la comida, hablar con ellos y apagar la caja tonta en esos momentos.

Muchos de los problemas de comunicación de los que hablas, profe, entre padres e hijos desaparecerían.

38
CUANDO UN AMIGO SE VA

*"Cuando un hombre vive en medio de sus
estudios y trabajos no percibe cuando la
vejez desciende sobre él"*
(Catón el Viejo)

Se muere el alma, la nostalgia te embarga, tu pensamiento vuelve hacia atrás, hacia todos los años pasados; hacia delante, hacia lo que te espera pasados unos años. Cuando un compañero amigo se jubila, los sentimientos afloran desde lo más hondo.

He tenido la oportunidad de despedir a muchos compañeros, llegada su jubilación. Todos comentan que van a echar de menos las luchas diarias; que se acordarán de sus alumnos, de los buenos y de los malos; que tendrán ahora que explicar aunque sea a los árboles o los pájaros, en sus paseos por los parques, tan grande es el apego a su trabajo. Los profesores somos como los campesinos, estamos todo el día quejándonos de nuestra situación laboral; de que si tal alumno no escampa, de que la muchachita cual no se aclara, que el grupo X es peor que una granizada...pero en nuestro interior sentimos que el privilegio de enseñar a los adolescentes es algo único, es como la llegada continua de la primavera a los campos agrícolas.

En los últimos años han sido muchos los compañeros que se han jubilado anticipadamente, a los 60, porque así se lo ha permitido la ley en vigor. Muchos de ellos han buscado actividades relacionadas con el mundo de la educación; se han apuntado a la Universidad para mayores, se han hecho voluntarios de ONGs relacionadas con el mundo de la infancia y la juventud, han participado en programas de alfabetización..., han dedicado parte de su tiempo libre al mundo que habían dejado atrás.

En unos años estaré en esta misma situación. Llevó 30 años en la enseñanza y es una afirmación que repito hace bastante. A fuerza de repetirla, dejará de ser verdad, porque habrá llegado el momento de mi jubilación. No sé a qué me dedicaré. De momento, ya he escrito parte de mis memorias.

******

Me temo, profe, que tu jubilación tendrá que esperar. Lo de jubilarte a los 60, olvídate. Con la crisis que nos está cayendo, es fácil que llegues a los 65 y tengas que seguir trabajando.

39
PARA UNA EDUCACIÓN DE CALIDAD

"La meta final de la educación es no sólo hacer que la gente haga lo que es correcto, sino que disfrute haciéndolo; no sólo formar personas trabajadoras, sino personas que amen el trabajo; no sólo individuos con conocimientos, sino con amor al conocimiento; no sólo seres puros, sino con amor a la pureza; no sólo personas justas, sino con hambre y sed de justicia"
(John Ruskin)

Sólo una enseñanza de mucha calidad puede engendrar ciudadanos de tal nombre. Estas son las diez ideas básicas, que resumen todo lo dicho anteriormente, y que son el camino para conseguir una buena educación para nuestros jóvenes:

1. Si eres padre, participa activamente en la educación de tus hijos. No dejes

todo el trabajo para el centro educativo.

2. Si eres profesor, pon todo tu empeño en transmitir no sólo conocimientos a tus alumnos, sino también valores.

3. Si eres estudiante, asume que el aprendizaje es costoso y que te estás jugando en ello tu futuro.

4. Si eres padre, exige que tus hijos se esfuercen en aprender y se formen para el mañana. No des a las calificaciones que tu hijo recibe más importancia de la que tienen. Inculca a tu hijo que lo importante es aprender, no aprobar.

5. Si eres profesor, que las calificaciones del alumno se basen en su esfuerzo individual y en el cambio ascendente o descendente de su aprendizaje, y no sólo en los exámenes y pruebas teóricas: algunos alumnos con dificultades en el aprendizaje llegan a un nivel de conocimiento superior a la media debido a su esfuerzo, mientras que otros aprueban con el mínimo esfuerzo.

6. Si eres estudiante, tienes que aprender a respetar a los demás y a tu entorno natural; de esta manera, te respetarás a ti mismo.

7. Si eres padre, inculca a tu hijo el hábito en la lectura. Leer es la mejor forma de aprender. De paso lee tú también para así dar ejemplo a tu hijo.

8. Si eres profesor, piensa que con tu labor no sólo estás haciendo una tarea de cuidado (de guardería) de un grupo de muchachos, les estás inculcando unos conocimientos que necesitan.

9. Si eres estudiante, no creas que el dinero es lo importante en esta vida; estudia con el objetivo de formarte, no de lograr un título universitario que te vaya a permitir llevar una vida de lujos.

10. Seas padre, profesor o estudiante, pensad que la educación es la base del futuro. Y con el esfuerzo de todos podemos conseguir una educación de calidad y un futuro mejor.

Todos debemos colaborar en la maravillosa tarea de educar a nuestros adolescentes, para que el futuro de nuestros jóvenes sea cada vez mejor.

******

Muy bien, profe. Deberías hacer copias de este decálogo y repartirlas por los centros de enseñanza, por las asociaciones de estudiantes y de padres y madres de alumnos.

Una educación de calidad no parece que sea tan difícil cumpliendo estos mandamientos.

EPÍLOGO

Si tuviera que hacer una lista de mis mayores preocupaciones sobre el futuro de nuestros jóvenes, pondría en primer lugar las amenazas al medio ambiente. Tenemos que hacer una labor educativa enorme para inculcar a nuestros alumnos el respeto por la Naturaleza.

Porque entiendo por "educación" no sólo adquirir conocimientos de una materia determinada o aprender a comportarse en la sociedad. Educación es:

- saber valorar lo que nos rodea.

- respetar lo que nos envuelve

- alentar conductas de convivencia en grupo, de solidaridad y respeto a nuestro planeta.

Lo que sigue es una serie de materiales didácticos, que he elaborado para mis tutorías (pueden consultarse en mi blog, en www.ecologiayeducacion.com). Se pueden utilizar en cualquier nivel, desde Primaria. Los objetivos, la temporalización, las actividades derivadas de cada una de ellas dependerán del grupo al que vayan dirigidas.

1. CUENTO: LA NATURALEZA ESTÁ ENFADADA

Empezaremos con un cuento, que hará reflexionar a los alumnos sobre el rumbo de nuestro entorno:

"Erase una vez una madre muy, pero que muy enfadada. Su nombre era Naturaleza, aunque estaba acostumbrada a que la llamaran Madre Tierra. Llevaba años y años soportando las maldades de sus hijos, que la ensuciaban, la quemaban, la exprimían, la afeaban, la explotaban…

"No tiréis basura a la calle", decía a sus hijos. Pero sus hijos no le hacían caso.
"Ojo con los fuegos en los montes", les advertía. Pero ellos seguían con su actitud.
"No malgastéis energía", les repetía. Pero ellos continuaban con su derroche.
"No construyáis en las laderas de la montaña, en los cauces de los ríos", les sugería. Pero ellos edificaban con avaricia.

"Aprovechad los recursos y repartidlos justamente", les aconsejaba. Pero los hijos se apartaban de su madre una y otra vez.

Llegó a tal grado el enfado de la madre que no pudo más y se sublevó. Y llegaron
- las inundaciones
- las sequías
- los tsunamis
- los terremotos impredecibles
- los huracanes infernales

- ……………………………..

Para tratar de aplacar la ira de la Madre Tierra, unos señores muy importantes se reunieron. Le ofrecieron un pequeño consuelo: "No seremos tan malos, ensuciaremos menos, consumiremos menos petróleo, usaremos energías alternativas…"

Pero la Madre Naturaleza continúo con su desasosiego porque las promesas no acababan de cumplirse……

Y colorín colorado…..este cuento NO está acabado.
Esperamos que con vuestro cambio de actitud acabe BIEN."

2. DECÁLOGO PARA RESPETAR EL MEDIO AMBIENTE

Voy a enumerar un decálogo de razones por las que creo que debemos ser respetuosos con nuestro entorno, amables con la naturaleza, activos a favor de un comportamiento ecológico:

1. Porque nos jugamos el futuro de nuestros jóvenes que encontrarán un planeta indigno si continuamos con este tono irrespetuoso hacia el medio ambiente.

2. Porque la Naturaleza es agradecida y continuamente nos está haciendo regalos: puestas de sol, vistas inimaginables, agua, calor, vegetación…..

3. Porque nuestra salud mejorará en una atmósfera limpia.

4. Porque la Naturaleza nos proporciona los alimentos que más nos convienen.

5. Porque nuestros antepasados tuvieron un respeto hacia su entorno, del que hoy carecemos; no estaría de más ser respetuosos también con las generaciones anteriores.

6. Porque la vida es alegría y en un "planeta sucio" la alegría de vivir puede convertirse en tristeza.

7. Porque el respeto hacia uno mismo empieza por el respeto a los otros (en "los otros" incluimos también nuestro entorno natural).

8. Porque hemos llegado a tal degradación medioambiental que ya es hora de cambiar de actitud.

9. Porque no tenemos derecho a estropear las condiciones vitales de los demás.

10. Porque la naturaleza está cada vez más enfadada.

Debemos ponernos las pilas más pronto que tarde y los gobiernos deberían tomar cartas en el asunto. Cumplid con este decálogo por vosotros mismos y los que están por llegar. Gracias

3. CARTA DE LA NATURALEZA A LOS JÓVENES

Amigos, permitidme que os llame así:

Vosotros representáis el futuro de nuestro mundo, un futuro que espero sea mejor que el que vivimos en relación al respeto que se me tiene. El presente no me gusta por esta falta de respeto; me insultan, me contaminan…amigos, espero que no sigáis el ejemplo de vuestros mayores. Sois el futuro de una vida en común, un futuro amenazado por las malas prácticas de los que os han precedido. Veo en vosotros los artífices de un cambio radical. Debéis ser vosotros los que cambiéis el rumbo de la historia llena de maltratos hacia mí. El presente está lleno de improperios:

1.- Abuso de mis recursos, hasta dejarme agotada.
2.- Lanzamiento de tóxicos a mi atmósfera que la hacen irrespirable.
3.- Tala de árboles por la avaricia de construir horrorosas urbanizaciones que alejan al hombre de un futuro más igualitario (No me hace gracia el contraste

entre estas urbanizaciones surgidas de un daño hacia mí, y las chabolas de los suburbios).

4.- El agua que trascurre por mis ríos ya no la contemplo azul, está ennegrecida por los vertidos. En la claridad de las aguas de mis ríos se podía observar los guijarros en su lecho hace tiempo.

5.- Mis océanos y mis mares albergaban una fauna más rica. La codicia humana está dejando desiertas estas aguas.

Jóvenes amigos, tenéis que cambiar esta conducta abusiva e irrespetuosa. Permitidme que os de unos consejos:

- No hagáis caso de los que os animan a consumir por el mero hecho de tener más que los otros y de acumular riquezas. No hay mayor riqueza que la riqueza que os puedo proporcionar yo: mis campos, mis flores, mis aves, mis peces…

- Recordad la historia. No la repitáis. Sabed que al principio de mí existencia las tierras de todos los continentes estaban pobladas de bosques infinitos. Con el paso de los siglos mis tierras están cada vez más desiertas. Esto es lo que debéis recordar para no caer en el error.

Os he hablado como madre. Respetadme y seréis recompensados.

Un abrazo amigos.

4. ¿QUÉ HIJOS DEJAMOS A NUESTRO PLANETA?

Para reflexionar con los padres:

Hemos oído muchas veces que el planeta que estamos dejando a nuestros hijos no es el deseable. Hoy nos hacemos la pregunta inversa: ¿qué hijos dejamos a nuestro planeta?. Nos preguntamos si la educación que están recibiendo nuestros hijos es la idónea en cuanto a su relación con el medio ambiente.

Desde estas líneas queremos lanzar un reto a los padres con hijos en edad escolar: si contestan positivamente a las siguientes preguntas dejarán unos hijos positivos y respetuosos con el medio ambiente, si por el contrario alguna de sus respuestas es negativa sus hijos pueden representar un peligro para nuestra naturaleza.

1. ¿Han enseñado a sus hijos cómo aprovechar mejor el agua en su vida cotidiana?

2. ¿Les han hecho ver la importancia del consumo responsable?

3. ¿Les obligan y enseñan a reciclar en casa?

4. ¿Hacen hincapié en que deben apagar las luces innecesarias así como los electrodomésticos y demás aparatos eléctricos?

5. Cuando hacen una comida en el campo, ¿dan ejemplo a sus hijos haciendo fuego en lugares permitidos y se preocupan de recoger los desperdicios?

6. ¿Se preocupan de que sus hijos lleven una alimentación sana, que incluya alimentos ecológicos?

7. ¿Han enseñado a sus hijos que no deben tirar la comida porque mucha gente pasa hambre en el mundo y ellos son unos privilegiados?

8. ¿Les han inculcado a sus hijos un sentimiento general de respeto a la naturaleza?

Contesten sin pensar demasiado, con sinceridad y de manera intuitiva. Si alguna de las respuestas es un NO vayan pensando en cambiar el chip para dejar unos buenos hijos a nuestro planeta.

CONTENIDO

Introducción   7

1. Otoño de 1979   13
2. Ilusiones de un principiante   17
3. La alegría de los adolescentes   20
4. Aprendiendo en el aula   24
5. Interino entre vacas sagradas   28
6. Enseñar en un ambiente rural   33
7. ¿Fuerza viva?   37
8. Indisciplina en las aulas   41
9. Cuando llega la primavera   50
10. El mal ejemplo de la TV   53
11. Acoso en el aula   57
12 .Subgrupos en el aula   64
13. El salario del profesor   70
14. ¡Ay, los padres!   75
15. Profesor: padre-madre, hermano   81
16. ¿Podemos motivar a..?   85
17. Profesor juez   93
18. Clases multiculturales   97
19. En Londres con un grupo …   102
20 .Un puesto fijo en la enseñanza   109
21. Promesas cumplidas   113
22. Implicación en la labor educativa   120
23. ¿Me siento realizado…?   125

24. Mea culpa 131
25. Urge un cambio educativo 135
26. Reflexiones en pequeñas dosis 140
27. Los viajes de estudios 146
28. Tutoría s 155
29. Formación sin fin 161
30. Política en el aula 166
31. Bromas en clase 171
32. Los padres deben y pueden 176
33. ...Y surgió el amor 182
34. Lo que NO se espera de ... 186
35. Lo que se espera de ... 191
36. Las señales de la adolescencia 194
37. Mi hijo es un modelo de... 197
38 .Cuando un amigo se va 201
39. Para una educación de calidad 204

Epílogo 208